Easy 시리즈 21

쉽게 배워 폼나게 활용하는

한글 2016
NEO

IT연구회

해당 분야의 IT 전문 컴퓨터학원과 전문가 선생님들이 최선의 책을 출간하고자 만든 집필/감수 전문연구회로서, 수년간의 강의 경험과 노하우를 수험생 여러분에게 전달하고자 최선을 다하고 있습니다.

IT연구회에 참여를 원하시는 선생님이나 교육기관은 ccd770@hanmail.net으로 언제든지 연락주십시오. 좋은 교재를 만들기 위해 많은 선생님들의 참여를 부탁드립니다.

권경철_IT 전문강사	김경화_IT 전문강사	김선숙_IT 전문강사
김수현_IT 전문강사	김 숙_IT 전문강사	김시령_IT 전문강사
김현숙_IT 전문강사	남궁명주_IT 전문강사	노란주_IT 전문강사
류은순_IT 전문강사	민지희_IT 전문강사	문경순_IT 전문강사
박봉기_IT 전문강사	박상휘_IT 전문강사	박은주_IT 전문강사
문현철_IT 전문강사	백천식_IT 전문강사	변진숙_IT 전문강사
송기웅_IT 및 SW전문강사	송희원_IT 전문강사	신동수_IT 전문강사
신영진_신영진컴퓨터학원장	윤정아_IT 전문강사	이강용_IT 전문강사
이은미_IT 및 SW전문강사	이천직_IT 전문강사	임선자_IT 전문강사
장명희_IT 전문강사	장은경_ITQ 전문강사	장은주_IT 전문강사
전미정_IT 전문강사	조영식_IT 전문강사	조완희_IT 전문강사
조정례_IT 전문강사	차영란_IT 전문강사	최갑인_IT 전문강사
최은영_IT 전문강사	황선애_IT 전문강사	김건석_교육공학박사
김미애_강릉컴퓨터교육학원장	은일신_충주열린학교 IT 전문강사	양은숙_경남도립남해대학 IT 전문강사
엄영숙_권선구청 IT 전문강사	옥향미_인천여성의광장 IT 전문강사	이은직_인천대학교 IT 전문강사
조은숙_동안여성회관 IT 전문강사	최윤석_용인직업전문교육원장	홍효미_다산직업전문학교

BM (주)도서출판 성안당

Easy 시리즈 ② 쉽게 배워 듬듬하게 활용하는

한글 2016
NEO

2020. 6. 2. 초 판 1쇄 발행
2021. 11. 17. 초 판 2쇄 발행
2024. 1. 10. 초 판 3쇄 발행

지은이 | 김혜성
펴낸이 | 이종춘
펴낸곳 | BM (주)도서출판 성안당
주소 | 04032 서울시 마포구 양화로 127 첨단빌딩 3층(출판기획 R&D 센터)
      | 10881 경기도 파주시 문발로 112 파주 출판 문화도시(제작 및 물류)
전화 | 02) 3142-0036
      | 031) 950-6300
팩스 | 031) 955-0510
등록 | 1973. 2. 1. 제406-2005-000046호
출판사 홈페이지 | www.cyber.co.kr
내용 문의 | heyseongkim@naver.com
ISBN | 978-89-315-5623-0 (13000)
정가 | 15,000원

이 책을 만든 사람들
책임 | 최옥현
진행 | 최창동
본문 디자인 | 인투
표지 디자인 | 박원석
홍보 | 김계향, 유미나, 정단비, 김주승
국제부 | 이선민, 조혜란
마케팅 | 구본철, 차정욱, 오영일, 나진호, 강호묵
마케팅 지원 | 장상범
제작 | 김유석

■ 도서 A/S 안내

성안당에서 발행하는 모든 도서는 저자와 출판사, 그리고 독자가 함께 만들어 나갑니다.
좋은 책을 펴내기 위해 많은 노력을 기울이고 있습니다. 혹시라도 내용상의 오류나 오탈자 등이 발견되면 "좋은 책은 나라의 보배"로서 우리 모두가 함께 만들어 간다는 마음으로 연락주시기 바랍니다. 수정 보완하여 더 나은 책이 되도록 최선을 다하겠습니다.
성안당은 늘 독자 여러분들의 소중한 의견을 기다리고 있습니다. 좋은 의견을 보내주시는 분께는 성안당 쇼핑몰의 포인트(3,000포인트)를 적립해 드립니다.
잘못 만들어진 책이나 부록 등이 파손된 경우에는 교환해 드립니다.

CONTENTS

머리말

한글 워드프로세서(word processor)는 한국을 대표하는 워드프로세서로 IBM의 DOS(disk operating system) 운영체제가 일반적인 데스크톱 컴퓨터(desktop computer)에 사용하던 때부터 지금까지 계속 새로운 버전(version)이 개발되고 보급되어 오고 있습니다. 국내에서는 마이크로소프트(microsoft) 사의 MS 워드(word)와 함께 가장 보편적으로 사용하는 문서 편집용 프로그램입니다.

우리가 일상적으로 사용하는 데스크톱 컴퓨터, 노트북(notebook) 컴퓨터 등에서 문서를 편집하는 경우 한글 워드프로세서는 사용자가 필요로 하는 대부분의 문서를 작성할 수 있도록 도와줄 수 있습니다. 또한 워드프로세서 본연의 기능에 충실할 수 있도록 지속적으로 기능들이 추가되었습니다. 한글 NEO 버전에 추가된 주요한 기능들을 살펴보면 한워드를 통해 MS 워드 문서 편집을 할 수 있고, 어도비(Adobe) 사의 PDF 파일을 수정할 수도 있습니다. 그리고 인터넷이 연결되어 있다면 언어 번역 서비스를 받고 사전을 확장해서 사용할 수도 있습니다.

이 책은 한글 워드프로세서의 각 기능을 사용자가 실제 문서 작성에 활용할 수 있도록 각 장별로 쉽게 설명하고 있습니다. 또한 혼자서도 배울 수 있도록 동영상을 제공하고 있을 뿐 아니라 처음 한글 워드프로세서를 접하는 학습자에게 순차적으로 교육할 수 있도록 각 장을 유기적으로 배치했습니다. 각 장의 끝에는 혼자서 풀어볼 수 있는 연습문제를 추가해 학습자는 스스로 각 장의 내용을 정확하게 이해하고 활용할 수 있는지 점검해 볼 수 있습니다.

각 장의 내용은 처음 컴퓨터를 접하는 학습자가 충분하게 이해하고 학습할 수 있도록 전문적인 용어를 최대한 쉬운 문구로 표현했습니다. 또한 순서를 일목요연하게 전개하여 순서만 따라 하면 해당 기능을 충분하게 이해할 수 있도록 했습니다. 어렵거나 난해한 기능은 최대한 배제하고 일반적인 문서를 작성하는 데 어려움이 없도록 학습 내용을 구성해서 실무에 바로 적용할 수 있으리라 생각합니다.

많은 워드프로세서 사용자에게 아마도 스마트폰(smart phone)에 큰 화면의 모니터(monitor)를 연결하고 블루투스(bluetooth) 키보드(keyboard)와 마우스(mouse)를 연결해서 문서를 편집하는 환경이 곧 올 수도 있습니다. 그때에도 전체적인 기능이나 편집화면은 지금 이 책에 있는 내용과 많이 다르지 않을 것입니다. 일반적으로 프로그램의 인터페이스(interface)는 기존의 사용자를 배려해서 개발되기 때문입니다. 사용 환경의 변화에 대한 두려움은 버리셔도 됩니다.

한글 워드프로세서를 처음 접하는 학습자는 다소 어려움이 따르리라 생각합니다. 하지만 이 과정을 통해 배우는 기능들은 다른 워드프로세서에서도 유사하게 만들어져 있습니다. 따라서 이 책의 내용들을 대부분 이해하고 사용할 수 있다면 대부분의 워드프로세서도 별도의 교육을 받지 않아도 된다고 생각합니다. 이 책이 여러분의 컴퓨터 활용에 많은 도움이 되었으면 합니다.

저자 김혜성

DOWNLOAD
자료
다운로드

Easy 시리즈의 예제/완성 파일과 무료 동영상 강의 파일은 성안당 도서몰 사이트(https://www.cyber.co.kr/book/)에서 다운로드합니다.

① 'https://www.cyber.co.kr/book/'에 접속하여 로그인(아이디/비밀번호 입력)한 후 [자료실]을 클릭합니다.

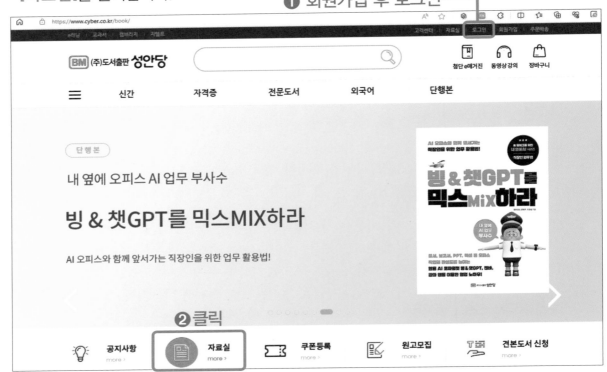

② 「easy」를 입력하고 검색한 후 도서 제목((easy 21) 쉽게 배워 폼나게 활용하는 한글 2016) 을 클릭합니다.

③「315-5623」압축 파일을 클릭하여 다운로드합니다. 로그인을 하지 않으면 해당 파일이 보이지 않습니다.

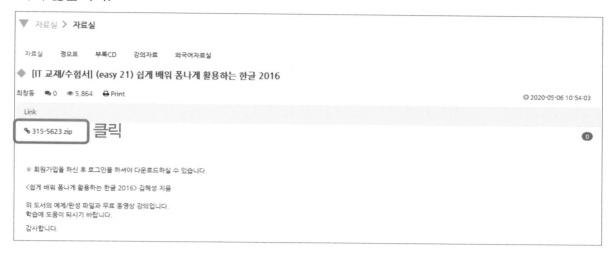

④ 다운로드한 압축 파일은 [다운로드]에서 확인합니다. 다운로드한 파일을 바탕화면이나 임의의 경로로 이동한 후 마우스 오른쪽 버튼을 클릭하여 [압축 풀기] 메뉴로 압축을 해제합니다. 압축을 해제하면 [1장]~[12장] 폴더에는 학습에 필요한 예제 파일과 완성 파일이 있으며, [동영상강의] 폴더에는 1장~12장 본문의 학습 내용을 저자 직강 동영상 강의로 학습할 수 있습니다..

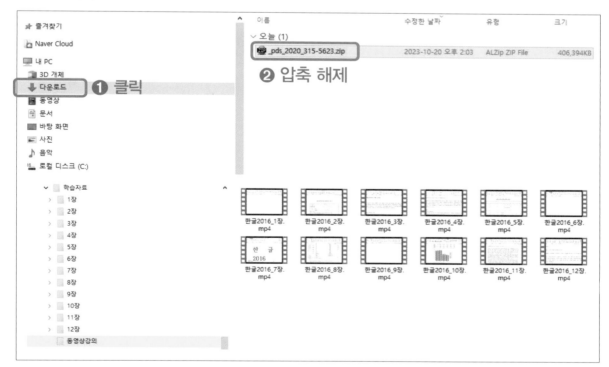

CONTENTS

목차

[자료 다운로드]

성안당 홈페이지(www.cyber.co.kr)-[자료실]
　　- 무료 동영상 강의
　　- 예제/완성 파일

한글2016(NEO) 화면구성과 시작하기

한글 워드프로세서는 문서를 편집하기 위한 다양한 기능을 제공하고 있습니다. 이러한 기능을 미리 습득해 두면 문서편집 시 작성시간을 단축해 줄 뿐 아니라 문서의 품질을 높일 수 있습니다. 한글의 전체적인 기능을 확인하고 작성할 문서의 규격을 설정하고 작성된 문서를 재사용이 가능하도록 저장하는 방법을 확인해 봅니다.

무료 동영상

강릉 경포대(鏡浦臺)

경포대(Gyeongpodae Pavilion)는 강원도 강릉시에 위치한 관동팔경의 하나로 경포호수 북쪽에 위치하고 있으며 1971년 12월 강원도 유형문화재 제6호로 지정된 후 2019년 12월 대한민국 보물 제2046호가 되었다.

이러한 문화재의 유형은 누정이라 불리는데 누각과 정자의 건축양식구조를 통칭해서 부른다. 경포대의 경우 경치를 멀리 그리고 넓게 볼 수 있는 형식인 누각으로 일반적으로 다락구조로 건축된다. 이는 경관이 수려한 곳에 사방이 터진 형태로 지어지는 정자와 구분된다. 많이 알려진 누각형태의 건축양식으로는 경복궁의 경회루, 진주의 촉석루, 남원의 광한루 등이 있다.

관동팔경의 의미는 대관령의 동쪽 지방, 즉 '관동'과 명승지보다 더 포괄적 의미를 갖는 경승지 8곳을 '팔경'이라 칭하면서 관동팔경이라 하는데 강릉의 경포대, 양양의 낙산사, 고성의 청간정과 삼일포, 삼척의 죽서루, 울진의 망양정, 통천의 총석정, 평해의 월송정을 의미한다.

오래전부터 지역별 경승지 여러 개를 하나로 묶어 십이경, 십경, 오경, 팔경 등으로 묶어 표현하는 경우가 많은데 특히 경포대가 포함된 관동팔경 외에도 충주댐 건설로 사경이 수몰된 잘 알려진 단양팔경이 있고 평안도 지역의 관서팔경이 유명하다. 그리고 일부지역에 국한하지 않고 한반도 전체의 대표적인 경승지 여덟 곳을 묶은 대한팔경이 있다.

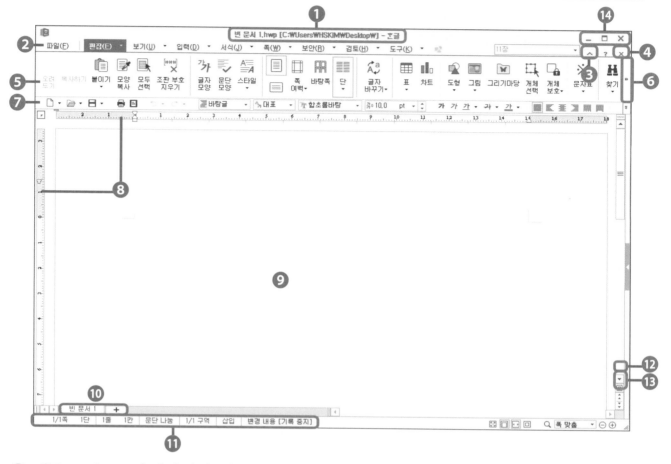

❶ **제목 표시줄** : 편집하거나 열려있는 문서의 이름과 저장 위치를 알 수 있습니다.

❷ **메뉴 표시줄** : 문서편집에 필요한 각각 기능들을 대표 이름으로 정리해 놓은 곳입니다.

❸ **도구 상자 접기/펴기** : 편집 화면을 더 넓게 쓸 수 있게 도구상자를 접거나 펼칠 수 있습니다.

❹ **문서 닫기** : 현재 작업 중인 문서를 종료하고 새로운 '빈 문서'를 만들어 줍니다.

❺ **리본 바** : 각 메뉴의 세부기능을 보여주는 곳으로 메뉴를 변경할 때마다 메뉴에 해당하는 기능으로 변경해 줍니다.

❻ **리본 바 더 보기** : 문서편집 창 전체 크기가 작은 경우 숨겨진 '리본 바'를 더 볼 수 있습니다.

❼ **기본 및 서식 도구 상자** : 문서를 편집하는 경우 사용자가 가장 많이 사용하게 되는 기능을 모아놓은 곳입니다.

❽ 눈금자 : 현재 작성하는 문서를 실제 출력했을 때의 전체적인 글자와 그림의 위치를 알 수 있습니다.

❾ 편집 창 : 실제 작업문서의 내용이 입력되는 곳으로 사용자는 글자, 그림, 도형을 그리고 차트와 표를 입력 및 편집할 수 있습니다.

❿ 문서 탭 : 여러 개의 문서를 작성하는 경우 마우스 클릭만으로 문서 간 이동을 할 수 있습니다.

⓫ 상태 표시줄 : 문서의 작업량이 많거나 수정 편집이 용이하게 문서의 전체 쪽수, 현재 편집하고 있는 위치를 알 수 있게 도와줍니다.

⓬ 보기 선택 아이콘 : 사용자가 문서를 편리하게 작업할 수 있도록 쪽 윤곽과 문단 부호, 조판 부호, 투명 선, 격자를 보이거나 숨길 수 있고 문자, 개체, 구역, 줄 스타일 등을 찾을 수 있습니다.

⓭ 쪽 이동 아이콘 : 쪽 단위로 화면을 이전 혹은 이후 '쪽'으로 이동시켜 줍니다.

⓮ 창 조절 단추 : 문서창을 최소화, 최대화, 닫기 단추로 구분되며, 편집 중 저장하지 않고 닫기를 하면 문서의 최종 저장 여부를 묻는 창이 나타납니다.

실력쑥쑥 TIP

• 도구 상자 표시/숨기기 (도구 상자 단계별 접기 ⌃/펴기 ⌄ 단축키 (Ctrl + F1))
• 탭의 빈 공백에서 마우스 오른쪽 버튼을 클릭하여 도구 상자를 표시하거나 숨기기 할 수 있습니다.

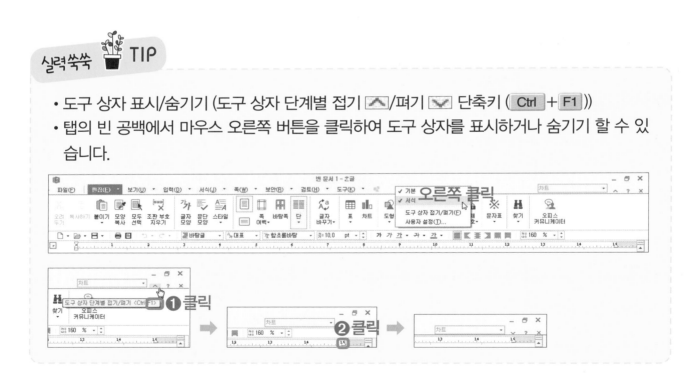

실습2 편집 용지 설정

1 [파일]–[편집 용지] 메뉴를 클릭합니다.

2 [편집 용지] 대화상자의 [기본] 탭에서 '용지 종류 : A4(국배판) [210X297mm]', '용지 방향 : 세로', '왼쪽, 오른쪽 : 11mm', '위쪽, 아래쪽, 머리말, 꼬리말 : 10mm'로 변경하고 [설정] 단추를 클릭합니다.

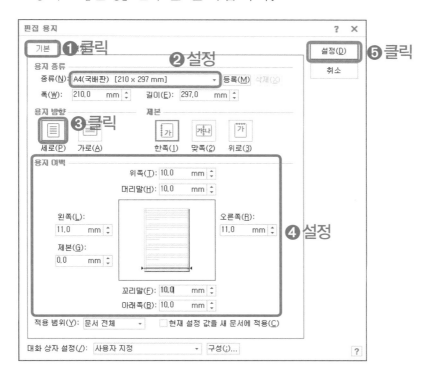

실습3 문서 입력과 저장

● 완성 파일 : 강릉 경포대.hwp

❶ 한글2016(NEO)을 실행하고 다음과 같이 문서의 내용을 입력합니다.

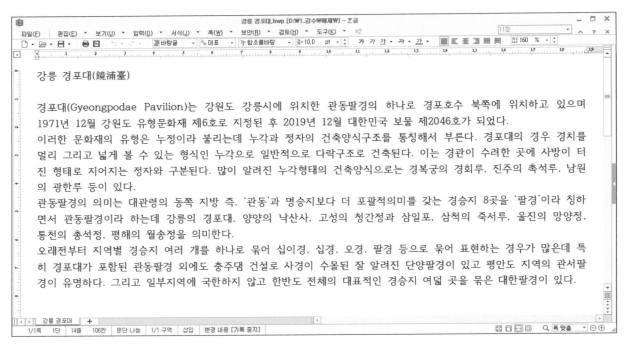

실력쑥쑥 🪴 TIP **문자의 삽입과 수정방법**

• 글자 띄어쓰기 : Space Bar

• 글자 삭제 : 커서의 왼쪽에 있는 글자를 삭제할 때는 Space Bar 를 누르고, 커서의 오른쪽에 있는 글자를 삭제할 때는 Delete 를 누릅니다.

• 글자 [삽입/수정] 변경 : 상태 표시줄의 [삽입](또는 [수정])을 클릭하여 [수정](또는 삽입)으로 변경할 수 있습니다. 중간에 글자를 입력할 때 글자가 사라지는 경우에는 [수정]상태이므로 [삽입]상태로 변경하면 됩니다. 키보드의 Insert 를 눌러서 변경해도 됩니다.

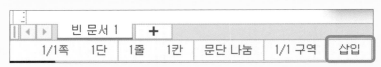

• 영문 입력하기 : 키보드의 한/영 키를 눌러 한글과 영문으로 변경해서 입력할 수 있습니다. 대문자를 입력할 경우에는 키보드의 Caps Lock 키를 누르면 모든 영문을 대문자로 입력할 수 있습니다. 한 글자만 대문자로 입력할 경우에는 Caps Lock 키를 해제한 후 Shift 키를 누른 상태에서 영문을 입력하면 대문자가 입력됩니다.

• 한자 입력하기 : 경포대를 입력하고 키보드의 한자 또는 F9 키를 눌러 입력 형식을 선택한 후 [바꾸기]를 클릭합니다.

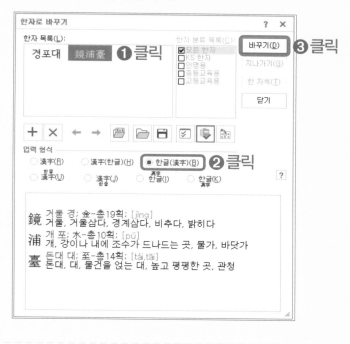

❷ 문서 저장하기 (Alt + S , 💾)

❶ [파일]-[저장 💾] 메뉴를 클릭합니다.

❷ [다른 이름으로 저장하기] 대화상자의 [저장 위치]를 선택하고 '파일 이름 : 강릉 경포대'라고 입력한 후 [저장] 단추를 클릭합니다.

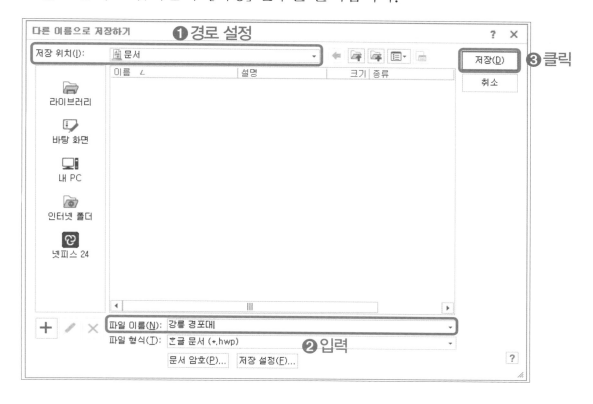

❸ 제목 표시줄과 [문서] 탭에서 저장 파일을 확인합니다.

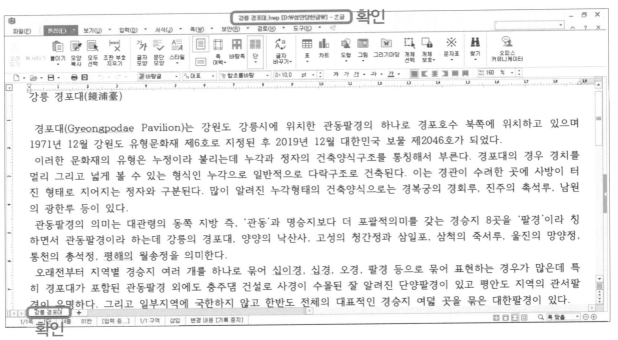

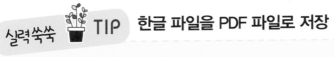
실력쑥쑥 TIP **한글 파일을 PDF 파일로 저장**

• [파일] 탭의 [PDF로 저장하기]

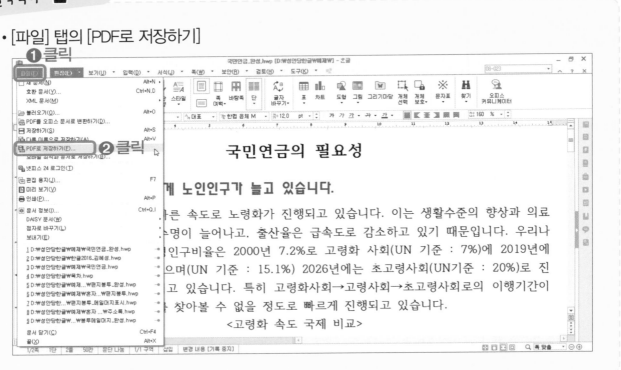

1 다음과 같이 편집용지를 설정합니다.

- [용지 종류] : A4(국배판) [210×297mm]
- [용지 방향] : 가로
- [용지 여백] : 왼쪽, 오른쪽을 20mm, 위쪽, 아래쪽, 머리말, 꼬리말을 10mm

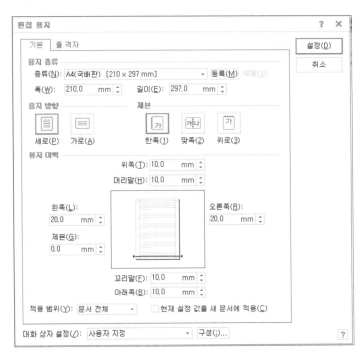

2 다음과 같은 내용을 입력한 후 '**긍정의 한줄**'이라는 파일 이름으로 문서에 저장하여 보세요.

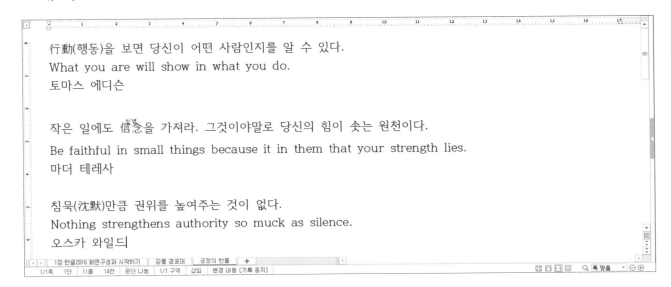

02장 다양한 문자를 입력하고 번역하기

문서는 우리가 많이 사용하는 한글 외에도 다양한 언어로 작성하는 경우가 대부분입니다. 또한 문어적이거나 구어적인 형식의 문서 외에도 공학이나 수학과 같은 수식을 필요로 하는 문서의 작성을 할 수 있을 뿐 아니라 다양한 특수문자를 입력할 수 있습니다. 워드프로세서에서 제공하는 다양한 문자를 이용해서 문서를 작성해 봅니다.

완성파일 미리보기

무료 동영상

표준이력서(입사지원서) 양식

지원 분야		접수 번호	
성명			
주민등록번호			
현주소			
연락처	전화	이메일	
	휴대폰		
원하는 근무지			
취업가능연령	법정 취업가능연령 이상입니까? (해당되는 곳에　하시오.)　□ 예　　□ 아니요		
직무관련 학교교육	초등학교부터 학교교육을 받은 총 햇수?　　　　　년		
	최종학력　□ 고졸이하 □ 고졸 □ 대졸 □ 대학원수료 □ 대학원졸		
	전공	부전공	
직무관련 직업교육			
직무관련 기술 (자격증, 언어능력 기계사용능력 등)			

직무관련 총 경력 (년 개월)	근무기간	기관명	직위	담당업무	사용한 기계/설비등	본인 관리 하에 있던 직원 수와 직위 (해당하는 경우만)

직무관련 기타 경험 (워크숍/세미나 참석 및 자원 활동 포함)	
병력관련	병력의무에 대하여 해당되는 곳에　하시오.　□ 병력필(기간 :　　　　)　□ 병력미필 또는 면제

위 사항은 사실과 틀림없음을 확인합니다.

지원날짜:

지원자:

$$\sum_{x=1}^{n} a = \frac{1}{2}n(n+1) = \frac{1}{4}m(m-1)$$

실습1 특수문자 입력

◎ 예제 파일 : 입사지원서.hwp   ● 완성 파일 : 입사지원서_완성.hwp

1 법정 취업가능연령 이상입니까? ('해당되는 곳에' 다음에 커서를 위치시킨 후 [입력]–[문자표 ※]의 내림버튼(▼)을 선택하고 [문자표...]를 클릭합니다.

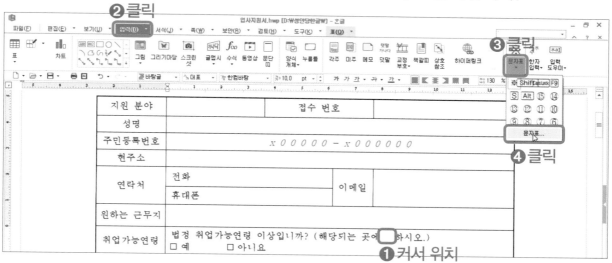

2 [문자표 입력] 대화상자의 [한글 문자표]–[문자 영역]에서 [전각 기호(일반)]을 선택하고 √를 클릭한 후 [넣기] 단추를 선택합니다. 같은 방법으로 전화 뒤에 ☎를 넣기 해봅니다.

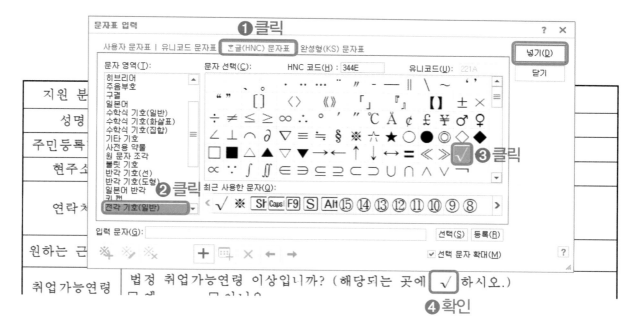

현재 문서를 사전(한글/한자/영어 맞춤법 사전)과 비교하여 틀린 곳을 찾아 올바른 단어로 제시해 주는 기능입니다.

• [도구] 탭의 [맞춤법 검사 가나다]

• 맞춤법 표시등맞춤법 풀이 상자 왼쪽에 있는 맞춤법 표시등의 색깔 변화로 현재 낱말의 맞춤법 오류 정도를 알 수 있습니다.

표시등	설명
●	오류로 지적된 단어가 없을 때 나타나는 표시입니다.
●	문장 부호 오류, 높임말 오류, 혼동되는 말 사용, 이전 말 참조 등과 같은 1단계 오류 상태를 나타냅니다.
●	사전에 없는 말 사용, 중복 어절 사용, 부호 뒤 빈칸 입력 등의 2단계 오류 상태를 나타냅니다.
●	철자 오류, 오용어 사용, −이/−히 오류 등의 3단계 오류 상태를 나타냅니다. 3단계 오류는 꼭 수정해야 할 오류를 뜻합니다.

실습2 글자 겹치기 사용하기

1 지원자 뒤에 본인 이름을 입력합니다. 오른쪽에 커서를 위치하고 [입력]-[입력 도우미 木a工]-[글자 겹치기 ㉑]를 클릭합니다.

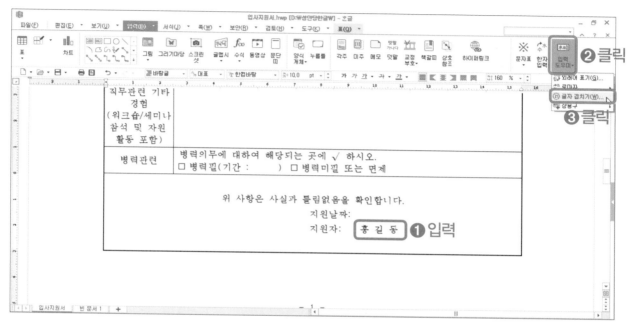

2 [글자 겹치기] 대화상자의 '겹쳐 쓸 글자' 항목에 '인'을 입력하고 '모양과 겹치기'에서 '원 문자 ①'를 선택한 후 [넣기] 단추를 클릭합니다.

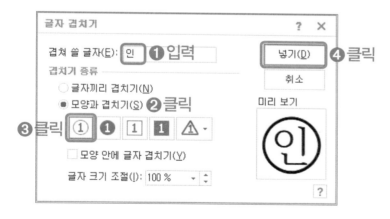

3 '√병력필(기간 :   )'에서 '√'를 삭제한 후 [입력]-[입력 도우미 木a工]-[글자 겹치기 ㉑]를 클릭합니다.

❹ [글자 겹치기] 대화상자의 [겹쳐 쓸 글자] 항목에서 Ctrl + F10 을 눌러 문자표를 불러옵니다. [문자표 입력] 대화상자의 [한글 문자표]-[문자 영역]에서 **[전각 기호(일반)]**을 선택하고 √ 를 클릭한 후 [넣기] 단추를 선택합니다.

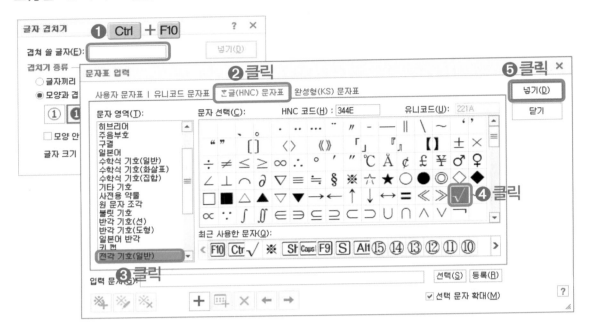

❺ [겹치기 종류] 항목의 '모양과 겹치기'에서 '사각형 문자 ①'를 선택하고 [넣기] 단추를 클릭합니다. 같은 방법으로 '취업가능연령'과 '최종학력'도 넣기 해봅니다.

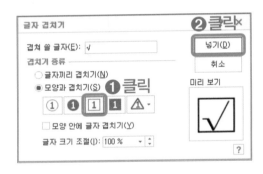

실습3 ⟩ 수식 입력하기(Ctrl + N , M)

○ 완성 파일 : 수식.hwp

❶ 수식을 입력하기 위해 [입력] 탭에서 [수식 f_∞]을 클릭합니다.

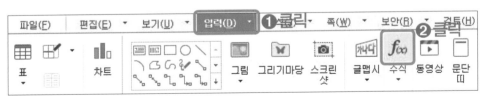

❷ [수식 편집기] 대화상자에서 [합 Σ ▼]-[Σ̲]를 선택하고 'x=1'을 입력한 후 [다음 항목 ▶](단축키 ↰)을 클릭하고 'n'을 입력한 후 [다음 항목 ▶](단축키 ↰)을 클릭합니다.

③ [수식 편집기] 대화상자에서 [분수 Σ ▾]를 선택하고 'a='을 입력한 후 [다음 항목
▮➡]](단축키 ⮐)을 클릭하여 이동한 후 'n(n+1)='을 입력합니다.

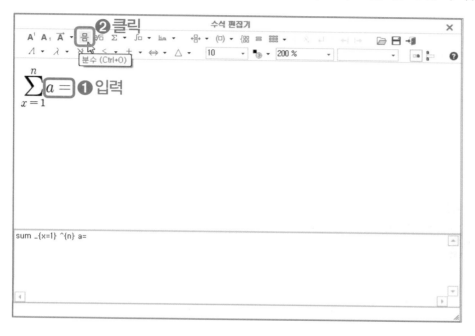

④ 나머지도 같은 방법으로 분수와 텍스트를 입력한 후 [수식 편집기] 대화상자에서
[넣기 ➡▮](단축키 Shift + Esc)를 클릭합니다.

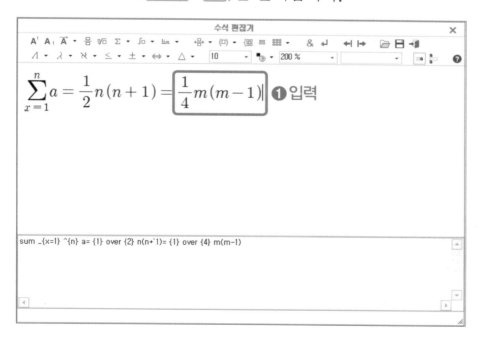

⑤ '수식'이름으로 [저장]합니다.

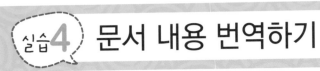

실습 4 문서 내용 번역하기

◎ 예제 파일 : 호텔영어.hwp　　● 완성 파일 : 호텔영어_완성.hwp

1 번역하고 싶은 문장을 드래그하여 범위를 지정한 후 [검토] 탭의 [번역 🅰]−[문서 번역]을 선택합니다.

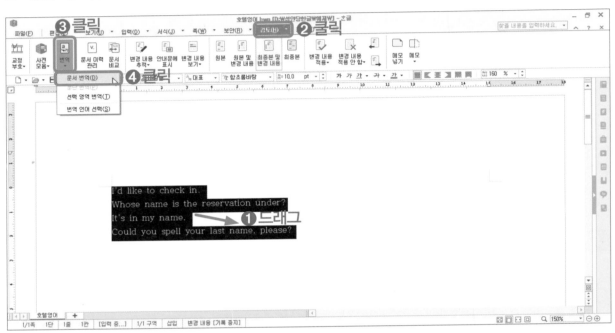

2 번역 대화상자가 타나나면 [번역 언어 선택]에서 번역할 언어를 선택하고 [번역]을 클릭합니다.

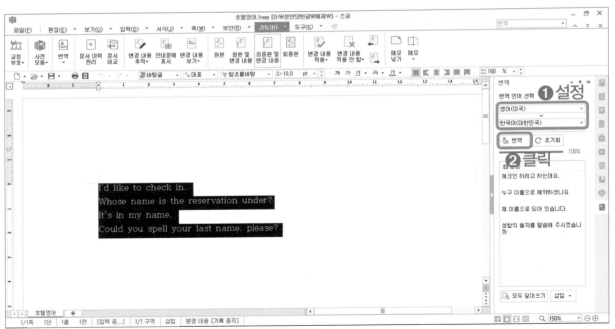

❸ 번역된 텍스트가 문장 아래에 자동으로 삽입할 수 있도록 [삽입]-[문단 아래에 삽입(▤)]을 클릭합니다.

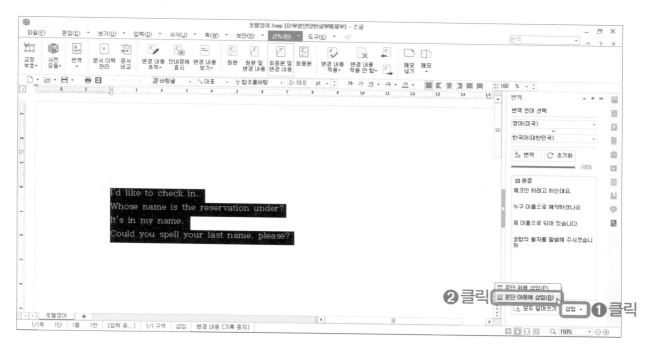

❹ 다음과 같이 번역되어 삽입됩니다.

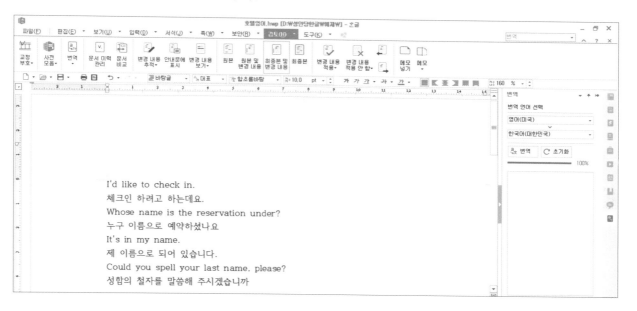

 **TIP**

번역량은 일일 5,520자로 A4 기준으로는 3장 정도의 분량입니다.
모두 사용했을 경우 '허용된 일일 번역량 초과'란 메시지를 보여주며, 하루 번역량을 모두 소진할 경우 익일 다시 재사용 가능합니다.

1 다음과 같이 문서를 작성한 후 [특수문자]와 [글자 겹치기]를 이용하여 문서를 완성해 보세요.

● 완성 파일 : 사자성어_완성.hwp

죽마고우(竹馬故友) 아주 오래된 친구
竹 : 대나무 죽, 馬 : 말 마, 故 : 옛 고, 友 : 벗 우
A buddy from my old stomping grounds.
옛날 뛰어다니며 놀던 땅에서부터 친구

≪속담≫ 고생 끝에 낙이 온다.
Can't get blood from a turnip.
무(Turnip)에서 피(Blood)를 얻을 수는 없다.

시작이 반이다
Well begun is half done.

♠ 사면춘풍(四面春風) '사방에서 봄바람이 불어온다.'
매사에 좋은 얼굴로 남을 대하게 되어 호감을 얻게 된다.

Ctrl + C 복사하기 / Ctrl + V 붙여넣기

2 다음과 같이 [수식 편집기]로 다음 수식을 각각 입력해 보세요.

● 완성 파일 : 수식_완성

(1) $a^2 + b^2 + c^2 - 2ba = \cos A \leftrightarrow \cos A = \dfrac{b^2 + c^2 - a^2}{2bc}$

(2) $\dfrac{a^4}{T^2} - 1 = \dfrac{G}{4\pi^2}(M+m)$

(3) $\overline{AB} = \sqrt{(x_2 - x_1)^2 + (y_2 - y_1)^2}$

(4) $\displaystyle\int_0^3 \dfrac{\sqrt{6t^2 - 18t + 12}}{5} dt = 11$

(5) $\vec{F} = -\dfrac{4\pi^2 m}{T^2} + \dfrac{m}{T^3}$

3 다음과 같이 문서를 작성한 후 [번역기능]을 이용하여 다음과 같은 문서를 완성해 보세요.

◎ 예제 파일 : 커피주문.hwp   ● 완성 파일 : 커피주문_완성.hwp

[입력]
Are you ready to order?
I would like to order a vanilla latte.
Is this for here or to go?
It is for here.

[결과]
주문하실 준비가 됐나요?
Are you ready to order?
바닐라 라떼 주문할게요.
I would like to order a vanilla latte.
여기 드시고 가실 건가요, 가실 건가요?
Is this for here or to go?
여기 있습니다.
It is for here.

4 다음과 같이 [특수문자]를 이용하여 문서를 완성해 보세요.

● 완성 파일 : 문자표_완성

호글(HNC) 문자표

전각 기호(일반) : ※ ★ ○ ◎ ◆ □ △ ▽ ◁ ▷ ♤ ♡ ♧ ⊙ ◈ ▣ ◐ ♨ ☏ ☎ ꠉ Ⓚ ㈜

전각 기호(선/단위) : ℓ $k\ell$ cc mm^3 cm^3 m^3 km^3 mm cm km mm^2 cm^2 m^2 km^2

전각 기호(원) : ㉠ ㉡ ㉢ ㉮ ㉯ ㉰ ⓐ ⓑ ⓒ ① ② ③ ⑪ ⑫ ⑬ $\frac{1}{2}$ $\frac{1}{3}$ $\frac{2}{3}$ $\frac{1}{4}$ $\frac{3}{4}$ $\frac{1}{8}$ $\frac{3}{8}$ $\frac{5}{8}$ $\frac{7}{8}$

전각 기호(괄호) : (ㄱ)(ㄴ)(ㄷ)(가)(나)(다)(a)(b)(c)(1)(2)(3) ^{1} ^{2} ^{3} ^{4} ^{n} $_1$ $_2$ $_3$ $_4$

전각 기호(기타) : 호 호 호 ☺ ☻ ◘ ◯ ☼ ⧖ ▮ ▬ ▮ ▮ ▬

키캡 : F1 F2 Alt Shift Ctrl Tab Space Bar Caps Lock Enter Back Space Esc ← → ↑ ↓

기타 기호 : ◖◗ ♯ ♮ ♭ ∮ ♫ ♬ ♩ ♪ ♪ ⊗ ◕ ◑ ◒ ◓

안내문에 문단 모양 지정하기

문장이 모여 하나의 생각의 글을 이루는 부분을 우리는 문단이라고 합니다. 이 글의 덩어리에 대해 사용자는 마우스 클릭 몇 번만으로 문단의 모양과 형식을 변경할 수 있습니다. 이와 같이 문단의 모양과 형식이 지정되면 같은 문단 내에서는 문자를 계속 입력하는 경우에 동일한 모양과 형식을 유지 시켜줍니다.

무료 동영상

표준비품관리시스템 안내

개요

본사 전산 팀에서는 회사의 정확한 자산의 체계적 관리와 실시간반영을 통한 경영의 유연성과 자산관리의 정확성을 제고하기 위한 전산시스템 구축을 완료하고 비품표준관리시스템을 각 부서에 배포하고 있습니다. 각 부서 담당자는 아래 내용을 참고하여 시스템 배포 절차에 따라 재고조사를 실시하고 회계 연도 마감 전까지 전산등록해주시기 바랍니다.

목적

전사적 비품 전산화 및 관리
부서 간 비품정보 공유

입력범위

- 당해 연도 1/4분기부터 3/4분기 까지는 이미 전산 팀에서 배포된 전산출력 내역을 참고하기 바라옵니다.
- 4/4분기부터의 자료는 각 부서별 추가된 비품내역과 세금계산서 및 입고전표 기준으로 입력하시가 바랍니다.

일정

가. 1차마감
   a. 총무부 - 12월 10일
   b. 영업1부 - 12월 11일
   c. 영업2부 - 12월 12일
   d. 영업3부 - 12월 13일
나. 2차마감
   a. 인사부 - 12월 16일
   b. 구매1부 - 12월 17일
   c. 구매2부 - 12월 18일
   d. 해외지사 - 12월 19일

문의

전산실: 구내번호 1114

문단 모양 서식 변경

◎ 예제 파일 : 표준비품관리시스템 안내.hwp   ● 완성 파일 : 표준비품관리시스템 안내_완성.hwp

① 제목 '표준비품관리시스템 안내' 부분에 마우스를 위치시킨 후 [서식]-[문단 모양 ≣✓]을 클릭하여 '가운데 정렬 ≣'을 선택하고 [설정] 단추를 클릭합니다.

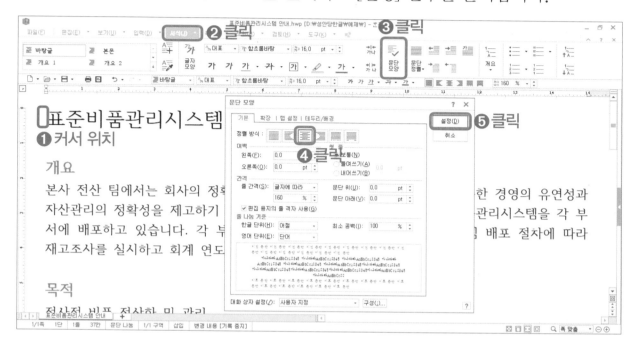

② 본문에서 '본사 전산 팀~' 부분에 마우스를 위치시킨 후 마우스 오른쪽 버튼을 클릭하여 [문단 모양 ≣✓]을 선택합니다.

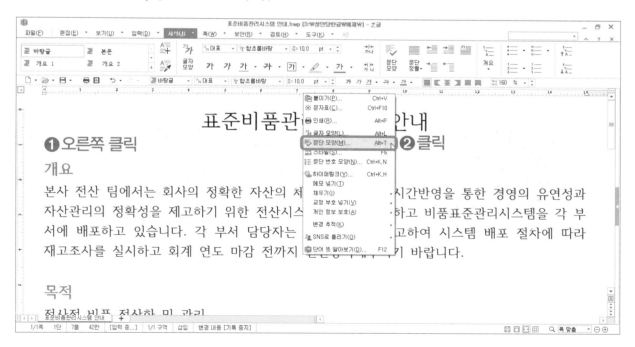

❸ [문단 모양] 대화상자의 [기본] 탭에서 왼쪽과 오른쪽 여백을 '30'으로 지정하고 [설정] 단추를 클릭합니다.

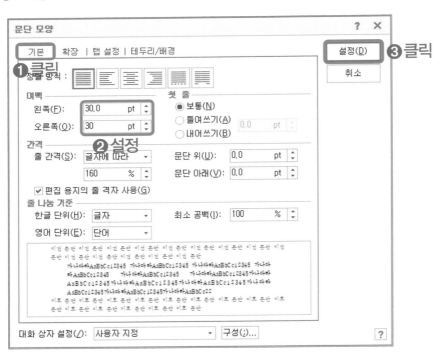

❹ 입력 범위 아래 두 문단을 드래그하여 범위를 지정한 후 마우스 오른쪽 버튼을 클릭하여 [문단 모양 ☑]을 선택합니다.

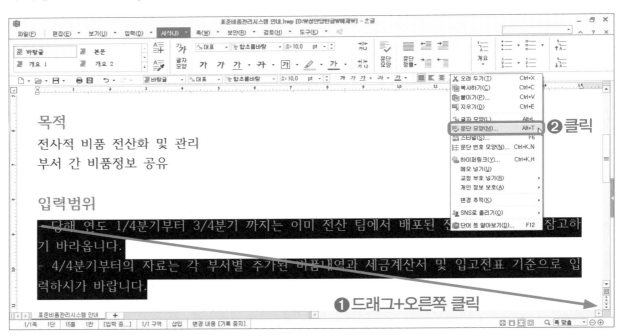

⑤ [문단 모양] 대화상자의 [기본]−[첫 줄]−[내어쓰기]에서 '10'으로 지정한 후 [설정] 단추를 클릭합니다.

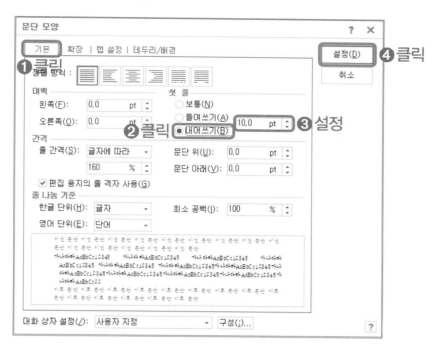

실습2 **문단 테두리/배경 서식**

① Ctrl + Page Down 을 눌러 페이지의 마지막으로 이동합니다. '전산실: 구내번호 1114' 에 커서를 위치시키고 Alt + T 를 눌러 [기본] 탭에서 왼쪽과 오른쪽 여백을 '10', 문단 위 간격을 '10'으로 지정합니다.

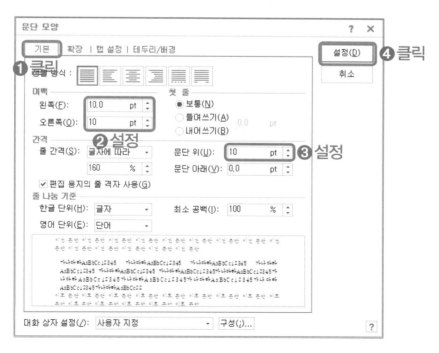

❷ [문단 모양] 대화상자의 [테두리/배경] 탭을 클릭합니다. [테두리]의 '종류 : 실선'으로 선택한 후 [모두]를 클릭합니다. [배경]의 면색에서 '노른자색'을 선택하고, 왼쪽, 오른쪽, 위쪽, 아래쪽 간격을 모두(▲) 단추를 두 번 클릭하여 '2'를 지정한 후 '문단 여백 무시'에 체크하고 [설정] 단추를 클릭합니다.

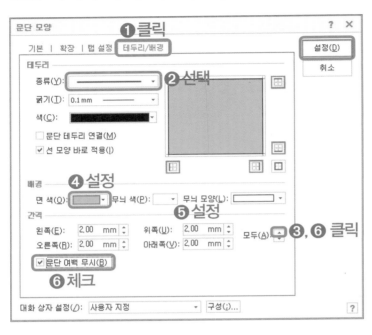

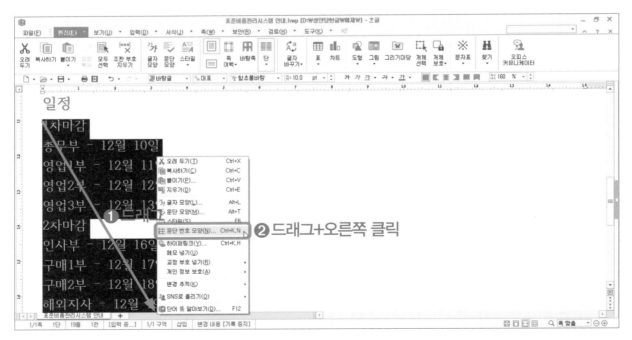

실습3 문단 번호 모양 설정

❶ 본문의 '1차마감'부터 '해외지사 − 12월 19일' 문단을 드래그하여 블록 지정한 후, 마우스 오른쪽 버튼을 클릭하여 [문단 번호 모양 ▤]을 선택합니다.

② [문단 번호/글머리표] 대화상자의 [문단 번호] 탭–[문단 번호 모양]에서 '없음'을 제외한 임의의 모양을 클릭한 후 [사용자 정의]를 클릭합니다.

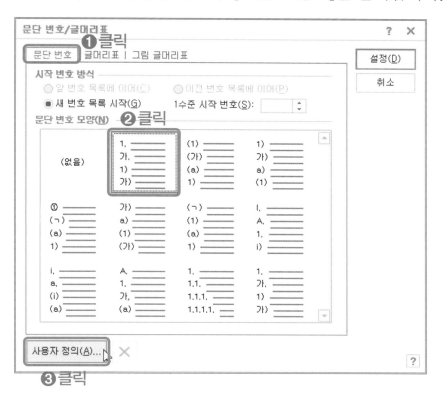

③ [문단 번호 사용자 정의 모양] 대화상자에서 '수준 : 1 수준', '번호 모양 : 가'로 설정합니다. '번호 위치'에서 '너비 조정 : 20', '정렬 : 오른쪽'으로 설정합니다.

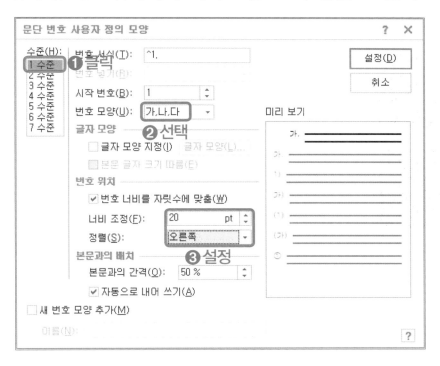

❹ '수준 : 2 수준'으로 선택하고, '번호 모양 : a'로 설정합니다. [번호 위치]에서 '너비 조정 : 30', '정렬 : 오른쪽'으로 설정한 후 [설정] 단추를 클릭합니다.

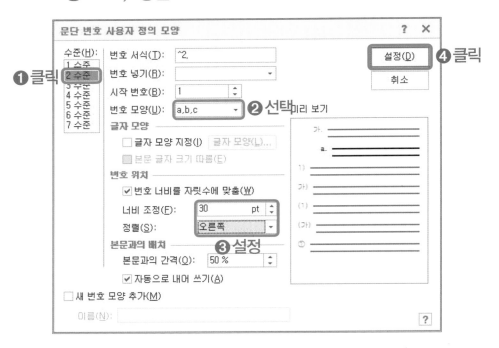

❺ 범위 지정한 문단에 문단 번호가 적용됩니다.

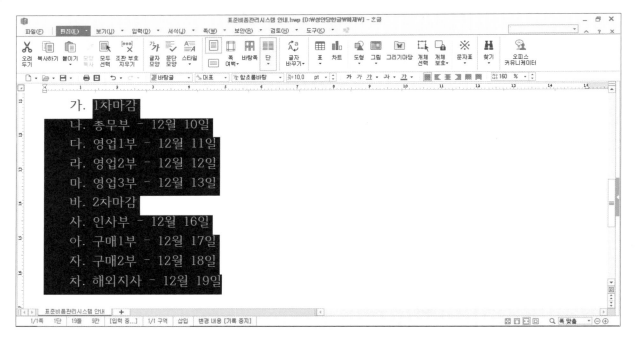

6 '총무부'부터 '영업3부' 문단을 선택하고 [서식의 목록 버튼]을 클릭한 후 [한 수준 감소 [아이콘]]를 선택하여 '2 수준'으로 변경합니다. 같은 방법으로 '인사부'부터 '해외 지사'까지도 '2 수준'으로 변경합니다.

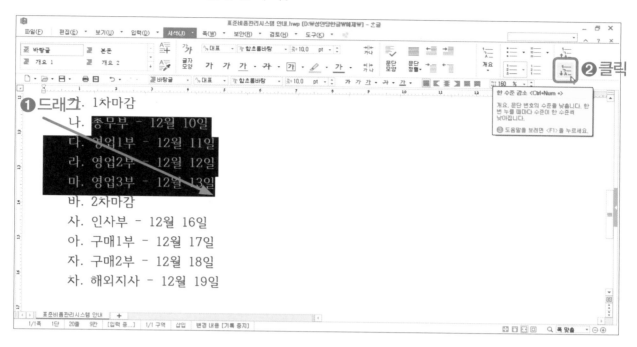

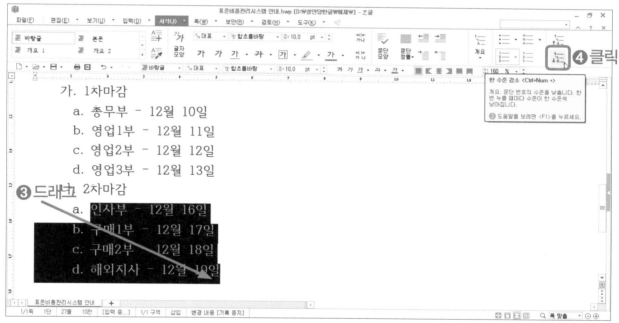

◎ 예제 파일 : 유산소 운동.hwp
◉ 완성 파일 : 유산소 운동_완성.hwp

1 다음과 같이 문단 모양을 이용하여 문서를 완성해 보세요.

- 제목 : '가운데 정렬' 문단아래 간격 '10pt'
- 제목 아래 문단 : 들여쓰기 '10pt'

유산소 운동

　유산소 운동은 근육에 산소가 공급되도록 운동 시간이 비교적 길고 움직이는 동안 계속 숨을 쉬는 운동을 말합니다. 유산소 운동은 체내 대사를 촉진시켜 지방질을 태워 없애는 효과가 있으며 운동 기구가 없어도 일상생활에서 간편하게 할 수 있는 장점이 있습니다.

- 글머리표 삽입
- 문단 모양 : 왼쪽 여백 '20pt', 오른쪽 여백 '20pt'
- 문단 테두리 : 종류 '이중실선', 굵기 '0.5mm' '바다색', '문단 테두리 연결', 면색 '연한 올리브색', 간격 모두 '3.00mm', '문단 여백 무시'

유산소 운동의 효과

- 지방을 사용하여 에너지를 생성하므로 체지방감소를 통한 체중관리가 가능합니다.
- 심박수와 혈압을 낮춰주고 혈액순환이 원활해집니다.
- 스트레스를 감소시켜 심신을 안정시켜 줍니다.
- 성인병의 예방에 효과가 있는 것으로 알려져 있습니다.
- 심장과 폐가 튼튼해진다고 합니다.

2 다음과 같이 문단 모양을 이용하여 문서를 완성해 보세요.

– 문단 모양 : 내어쓰기 '55pt'

유산소 운동의 종류

- 등　산 : 숲속의 맑은 공기를 마시면서 자연과 함께 건강의 효과를 누릴 수 있는 대표적인
유산소 운동입니다.
- 걷　기 : 누구나 할 수 있는 운동으로 인간이 하는 가장 완벽에 가까운 운동이라고 합니다.
- 달리기 : 체지방 감소와 심폐기능 향상과 함께 심장질환을 예방할 수 있는 효과가 있다고
알려져 있습니다.
- 자전거 : 교통의 수단으로서 뿐만 아니라 건강과 체력을 유지 및 증진시킬 수 있는 가장 경
제적이고 효과적인 운동방법입니다.

– 문단 모양 : 왼쪽 여백 '10pt'

운동이 현대인의 정신 건강에 미치는 영향

운동과 정신건강은 긍정적인 상관관계가 있습니다. 운동을 계속적으로 하는 사람들을 보면
긍정적이고 진취적이며, 도전적인 특징을 엿볼 수 있습니다. 운동을 함으로써 일상 업무나
스트레스를 주는 일로부터 벗어나기 때문에 기분이 좋아지며, 반우울증 효과를 얻을 수 있
다고 합니다. 현대인들에게 많은 우울증을 극복할 수 있도록 도와 정신 건강에 긍정적인 영
향을 미치고 있습니다. 심심을 강하게 만드는 운동을 일주일에 3번 이상, 30분 이상하여 건
강을 스스로 지켜냅시다.

글자 이동과 장식으로 문서 꾸미기

워드프로세서 프로그램의 가장 큰 장점 중 하나는 문서에 입력된 글자를 자유롭게 편집이 가능하기 때문입니다. 사용자는 같은 내용의 문자를 매번 입력할 필요 없이 복사해서 사용이 가능합니다. 또한 문자의 모양을 주변의 문자와 다른 모양으로 지정해 강조하거나 구분해서 기록할 수 있어 가독성을 좋게 할 수 있습니다.

완성파일 미리보기

무료 동영상

인류의 보편적가치의 우리의 유네스코 세계문학유산

세계문화유산사업은 국제기구인 유네스코
따른 수몰위기에 처한 고대의 누
무형문화유산, 세계기록유산의 3가지형태
점의 세계유산, 20건의 무형문화유산
첫 번째로 많은 16건의 세계기록유산을

가. 세계유산
제주 화산섬과 용암동굴
2007년 6월 제주도에 있는 3개 지역인
봉의 응회환이 하나의 세계자연유산지구
어난 자연경관을 갖고 있을 뿐 아니라
인 구상나무 뿐 아니라 동물 1200여 종

나. 무형문화유산
종묘제례 및 종묘제례악
종묘제례와 종묘제례악은 2001년 5월
서는 종묘제례악이 1964년 12월 국가무
국가무형문화재 제56호로 지정되었다.
하는 제사의식을 의미하고 제례악은 이

다. 세계기록유산
훈민정음(해례본)
종묘제례와 종묘제례악은 2001년 5월
서는 종묘제례악이 1964년 12월 국가무
국가무형문화재 제56호로 지정되었다.
하는 제사의식을 의미하고 제례악은 이

국민연금의 필요성

│ 세계에서 가장 빠르게 노인인구가 늘고 있습니다.

우리나라는 매우 빠른 속도로 노령화가 진행되고 있습니다. 이는 생활수준의 향상과 의료기술의 발달로 평균수명이 늘어나고, 출산율은 급속도로 감소하고 있기 때문입니다. 우리나라의 65세 이상 노령인구비율은 2000년 7.2%로 고령화 사회(UN 기준 : 7%)에 2019년에 고령사회에 진입하였으며(UN 기준 : 15.1%) 2026년에는 초고령사회(UN기준 : 20%)로 진입 할 것으로 예상되고 있습니다. 특히 고령화사회→고령사회→초고령사회로의 이행기간이 짧아 세계에서 유례를 찾아볼 수 없을 정도로 빠르게 진행되고 있습니다.

<고령화 속도 국제 비교>

구분	프랑스	영국	미국	일본	우리나라
고령사회(A)	115년	46년	72년	24년	18년
초고령사회(B)	39년	53년	18년	11년	8년

A : 고령화 사회(노인인구 비율 7%)에서 고령사회(노인인구 비율 14%)로 진입하는데 걸린 기간
B : 고령사회(노인인구 비율 14%)에서 초고령사회(노인인구 비율 20%)로 진입하는데 걸린 기간

│ 출산율이 급속하게 떨어지고 있습니다.

급격한 고령사회가 되어가는 이유는 평균수명은 늘어난 반면, 신생아 출산율이 빠른 속도로 감소하기 때문입니다. 통계청 자료에 따르면 1980년 2.83명이던 한국의 출산율은 2018년에 0.98명으로 떨어졌으며 이 수치는 세계에서 최하위권에 해당될 뿐만 아니라, OECD 국가의 인구 통계상 최저 수준입니다. 고령화 사회로의 진입은 부양해야 할 노령인구가 증가한다는 것을 의미하는데, 통계청의 자료에 따르면 2019년 고령인구는 총인구의 14.8%로 매년 증가하는 추세로 현재 생산가능인구 약 6.5명이 노인 1명을 부양하고 있습니다. 현재의 저출산이 지속될 경우 베이비붐 세대의 고령인구 진입 및 기대수명 증가로 2030년에는 2.6명이 1명을. 2050년에는 1.4명이 노인 1명을. 2060년에는 1.2명이 1명을 부양해야 하는 실정입니다.

│ 부모를 모시는 가정이 줄고 있습니다.

과거에는 평균수명이 짧고 노년인구의 수가 적어 노인은 농경사회 지혜의 원천으로, 대가족 제도의 어른으로 존경의 대상이었습니다. 그러나 오늘날에는 노년인구가 많아지고 산업화 사회, 핵가족 제도의 영향으로 노인을 존경의 대상보다는 부양의 대상으로 부담스럽게 생각하는 시각이 더 커지고 있습니다.

통계청 조사에 따르면 경제적인 어려움이 노인들에게 가장 해결이 어려운 문제로 나타나고 있으나 가족구조, 부양의식 변화 등으로 인해 사적부양의 역할은 축소되고 있습니다. 따라서 젊고 소득활동 능력이 있을 때 체계적으로 자신의 노후를 준비해야 하며 이러한 맥락에서 대표적인 공적부양제도인 국민연금이 더욱 중요한 역할을 담당할 것입니다.

│ 스스로 미래를 준비하는 사람이 적습니다.

가난한 사람은 "지금 먹고살기도 힘든데 무슨 노후 준비냐?"며 노후준비를 하지 않게 되고, 젊은 사람들은 "20, 30년 후의 노후준비를 왜 벌써부터 하느냐?"며 노후준비에 대한 인

실습 1 글자 복사하기와 이동하기

◎ 예제 파일 : 세계문화유산.hwp   ● 완성 파일 : 세계문화유산_완성.hwp

1 제목줄의 '세계문화유산'을 드래그하여 범위를 지정하고 [편집]-[복사하기] 를 클릭합니다.

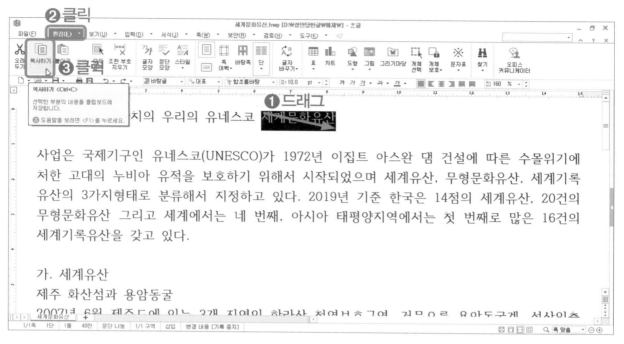

2 붙여넣기 할 위치('사업은' 앞)에 커서를 두고 [편집]-[붙이기] 를 클릭합니다.

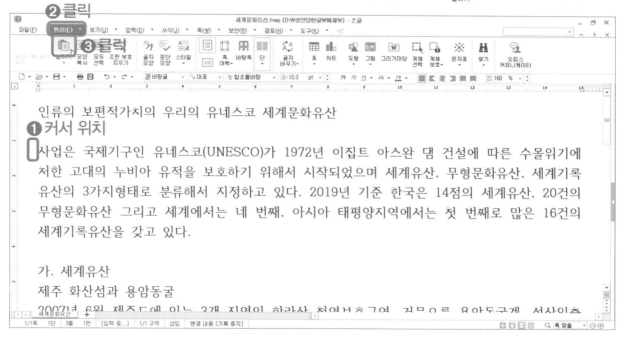

❸ '한글의 자모음을~'로 시작하는 문단에 커서를 두고 **마우스 왼쪽 버튼을 세 번 클릭**하여 범위를 지정한 후 [편집]-[오려 두기 ✂]를 클릭합니다. 블록 선택한 영역이 사라지고 클립보드에 임시 저장됩니다.

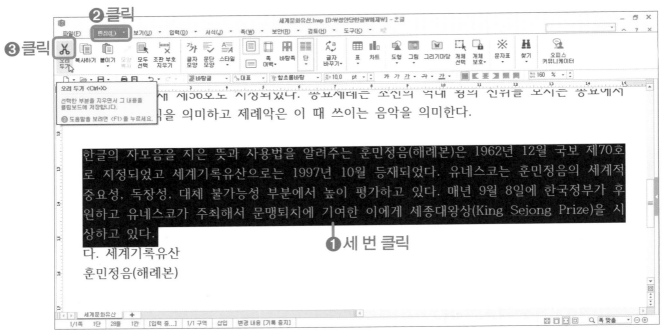

❹ 오려 두기한 내용을 이동할 곳에 커서를 위치하고, [편집]-[붙이기 📋]를 클릭합니다.

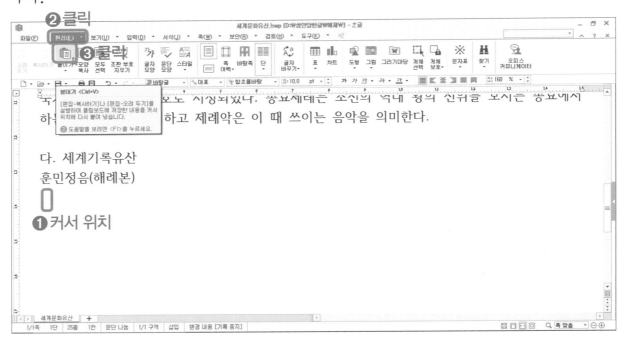

실습2 글자 모양 서식 지정

1 '제목'을 드래그하여 범위를 지정하고, [서식]-[글자 모양 📋]을 클릭합니다.

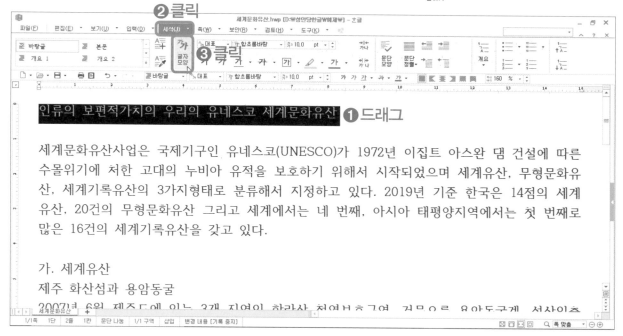

2 [글자 모양] 대화상자의 [기본] 탭에서 '기준 크기 : 16pt', '글꼴 : 한컴 윤체 L', '글자 색 : 루비색'을 클릭합니다.

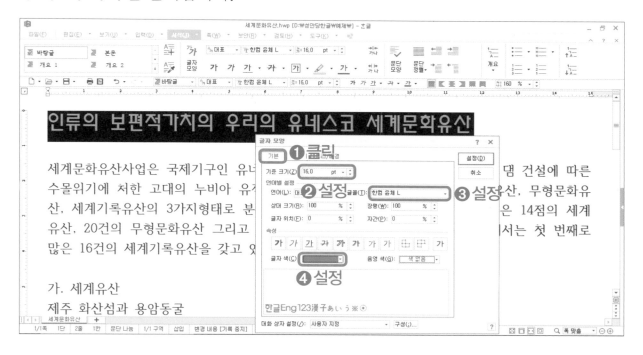

❸ [확장] 탭을 선택하고 그림자 옵션을 '연속'으로 선택하고 [설정] 단추를 클릭합니다.

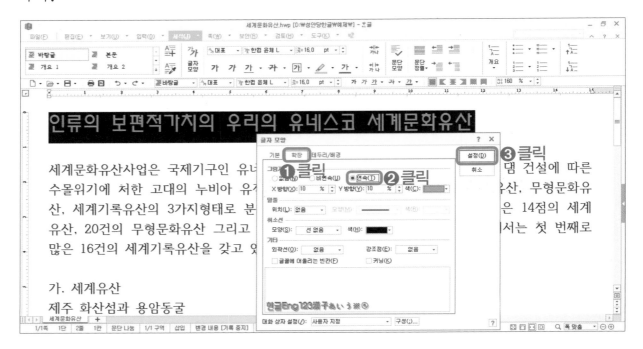

❹ '가. 세계유산'을 블록으로 범위를 지정한 후 [서식] 메뉴에서 '글꼴 : 함초롬돋움', '글자 크기 : 12pt', '진하게'를 선택하여 설정합니다.

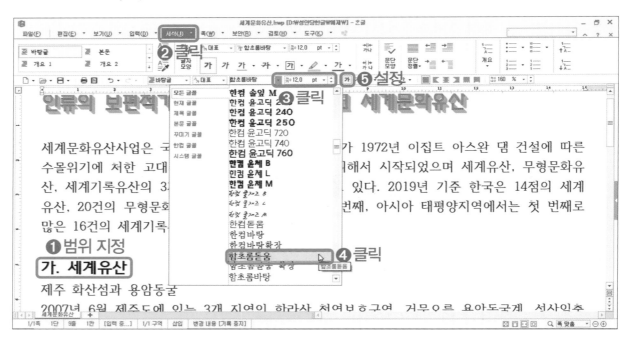

❺ [서식] 탭–[글자 모양 ^가]을 클릭하여 대화상자를 불러온 후, [기본] 탭에서 '음영 색 : 바다 색', '글자 색 : 하양'으로 선택하고 [설정] 단추를 클릭합니다.

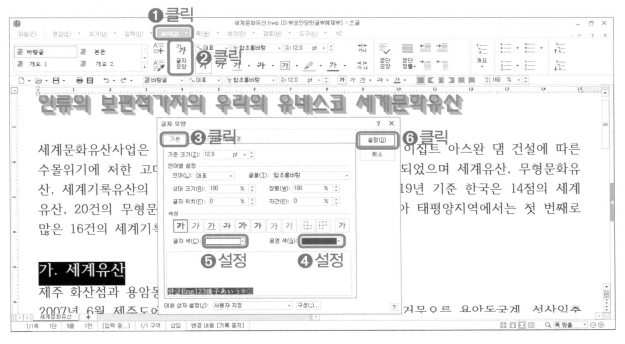

글자 모양 복사하기

❶ 소제목의 글자 모양을 복사하기 위해 '가. 세계유산' 앞에 커서를 위치시킨 다음 [편집] 탭의 [모양 복사]를 선택합니다.

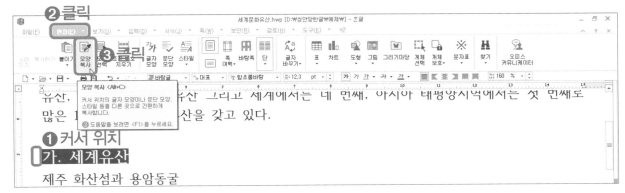

❷ [모양 복사] 대화상자의 본문 모양 복사에서 '글자 모양'을 선택한 다음 [복사] 단추를 클릭합니다.

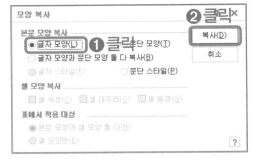

3 변경하려는 소제목 '나. 무형문화유산'을 블록 지정하고 [모양 복사 ✏️]를 클릭하면 복사한 모양이 자동으로 적용됩니다.

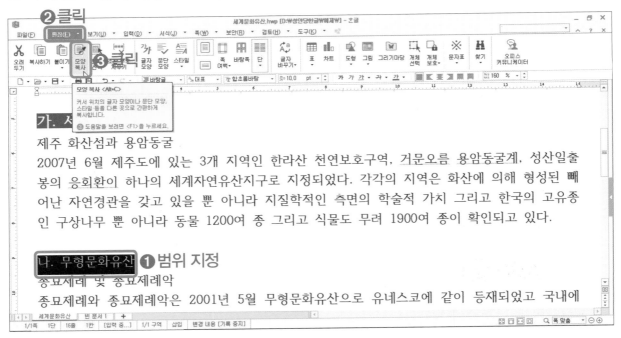

4 같은 방법으로 다른 소제목 '다. 세계기록유산'에도 모양 복사를 지정합니다.

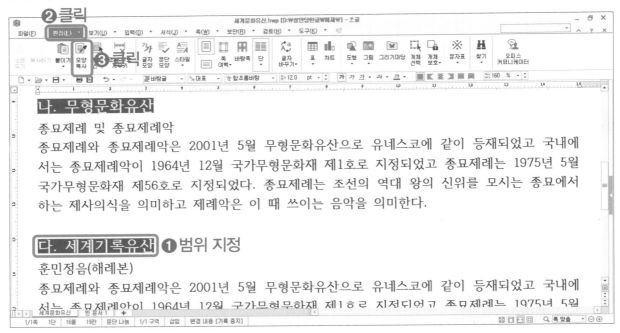

문단 첫 글자 장식하기

① 제목 아래 내용이 있는 위치에 커서를 위치시키고 [서식] 탭의 [문단 첫 글자 장식
꺌]을 클릭합니다.

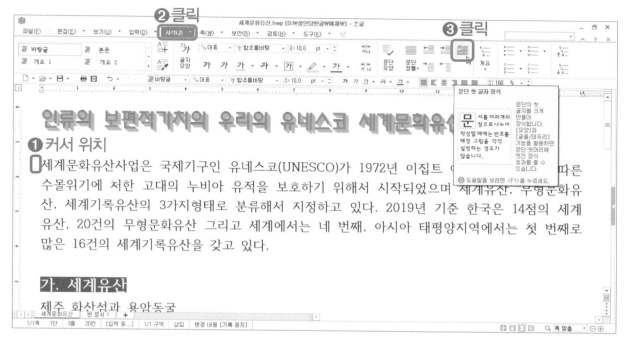

② [문단 첫 글자 장식] 대화상자에서 '모양 : 2줄(2)', '글꼴 : 맑은 고딕', '면 색 : 노른
자색'으로 지정한 후 [설정] 단추를 클릭합니다.

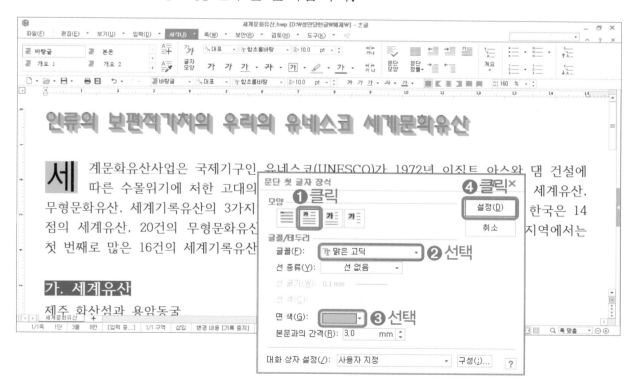

실습5 스타일 지정하기

◎ 예제 파일 : 국민연금.hwp   ● 완성 파일 : 국민연금_완성.hwp

1 [서식 ▦] 탭-[스타일 추가하기](단축키 F6)를 클릭한 후 [스타일 추가하기] 대화상 자에서 '스타일 이름 : 내제목'으로 입력하고 [문단 모양]을 클릭합니다. [문단 모양] 대화상자에서 '정렬 방식 : 가운데 정렬 ▤'로 선택하고 [설정] 단추를 클릭합니다.

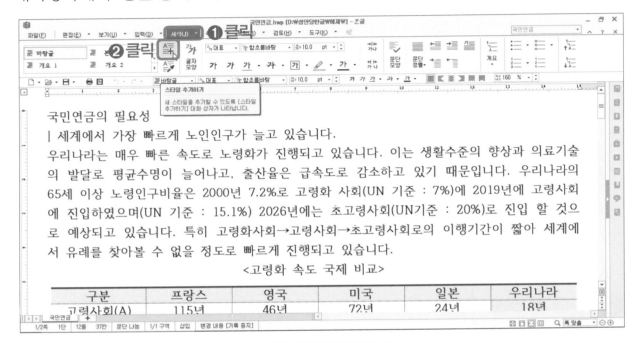

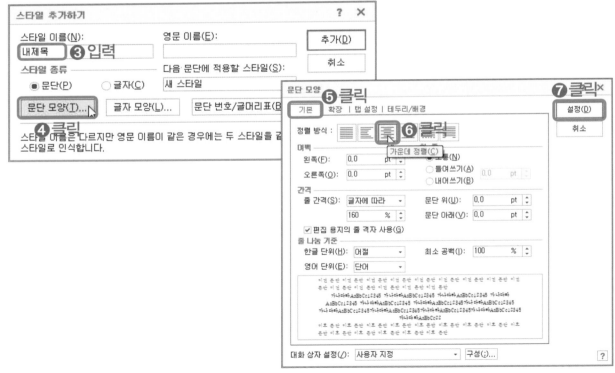

❷ 다시 [스타일 추가하기] 대화상자가 나타나면 [글자 모양]을 변경하기 위해 [글자 모양]을 클릭합니다. [글자 모양] 대화상자에서 '기준 크기 : 14pt', '장평 : 95%', '자간 : 5%', '속성 : 진하게'를 선택하고 [설정] 단추를 클릭합니다.

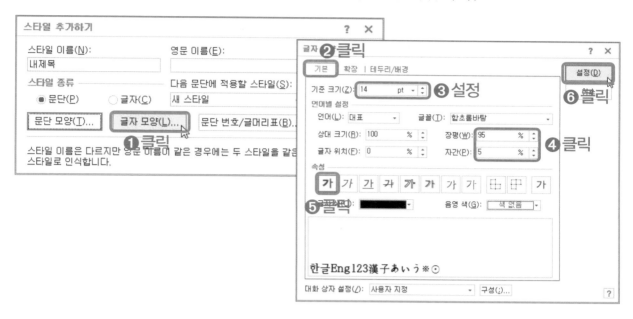

❸ 각각의 모양을 지정하고 나면, [스타일 추가하기] 대화상자에서 [추가] 단추를 클릭합니다. '내제목' 스타일 이름으로 [스타일]에 문단 모양과 글자 모양이 추가된 것을 확인합니다.

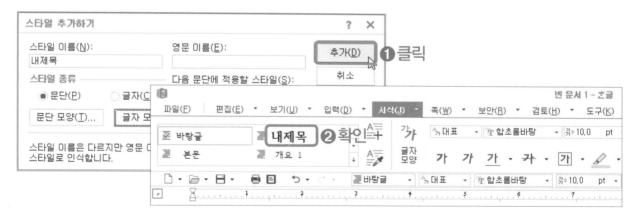

❹ 위와 같은 방법으로 부제목과 본문 스타일을 추가합니다.

[스타일 이름] 부제목
[문단 모양] – [간격] 문단 위 '10pt', 문단 아래 '5'pt
[글자모양] – 크기 '12pt', 글꼴 '한컴 윤체 M', 글자 색 '바다색'

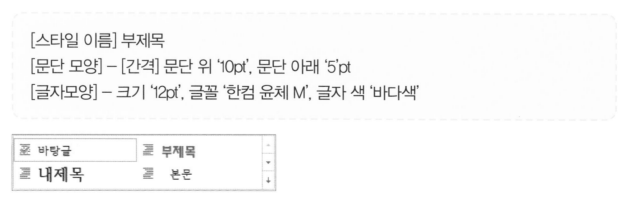

⑤ '국민연금의 필요성'이 있는 제목에 커서를 이동시키고 [서식] 탭의 스타일에서 '내제목'을 클릭합니다.

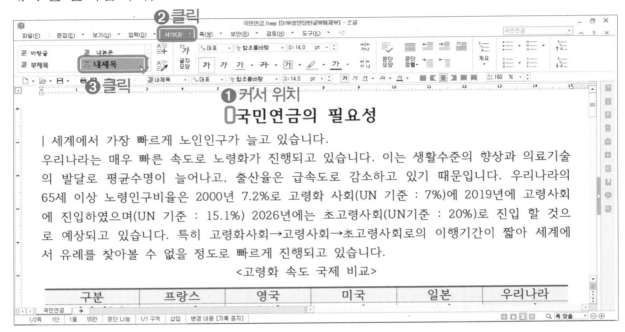

⑥ ' 세계에서 가장 빠르게 노인인구가 늘고 있습니다.' 앞에 커서를 이동시키고 [서식] 탭의 스타일에서 '부제목'을 클릭합니다.

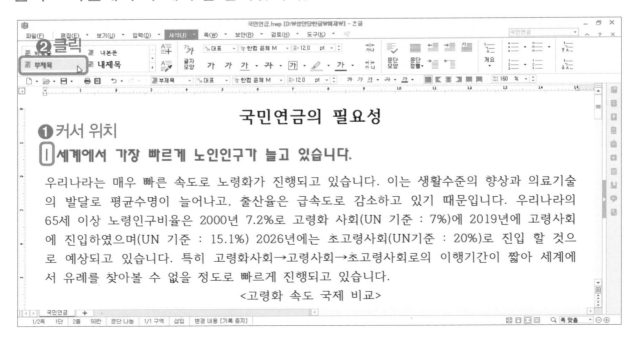

❼ 본문이 있는 '우리나라는 매우~' 위치에 커서를 두고 [서식] 탭의 스타일에서 '내본
문'을 클릭합니다.

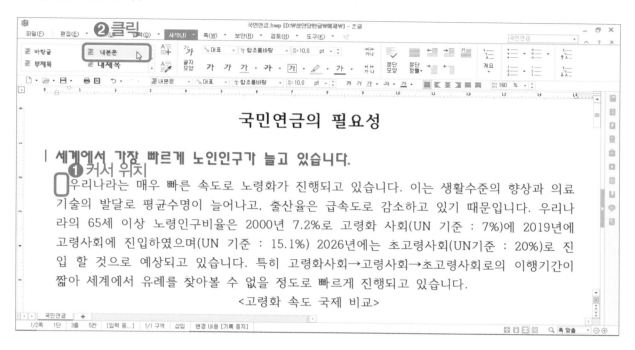

❽ 같은 스타일로 지정하고자 하는 문단에 마우스 커서를 이동시키고 각각의 스타일을
선택합니다.

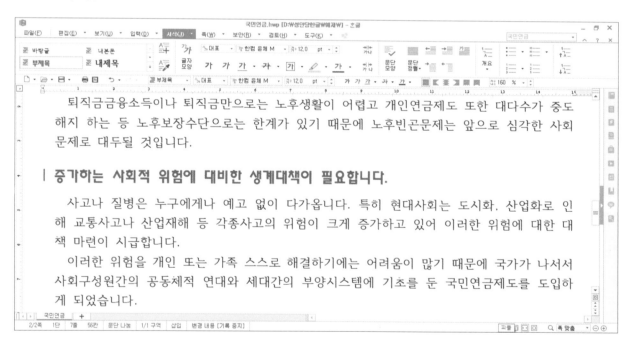

◎ 예제 파일 : 와인.hwp
◎ 완성 파일 : 와인_완성.hwp

1 다음과 같이 글자모양과 문단모양을 변경하고 문단 첫 글자 장식기능과 모양복사 기능을 이용하여 문서를 완성해 보세요.

> 글꼴 : 휴먼매직체, 18pt, 루비색,
> 정렬 : 가운데 정렬,
> '와인' 글자 : [그림자] 비연속

> 문단 첫 글자 장식 기능
> 글꼴: 휴먼편지체,
> 면색: 노른자색

색상으로 알아보는 와인의 종류

와인의 종류를 나누는 가장 기본적인 기준은 색상이다. 와인은 색상에 따라 화이트, 레드, 로제 와인으로 나눌 수 있는데, 이 분류법은 화이트 와인이라고 해서 꼭 화이트 와인 품종(청포도)으로만 만드는 것은 아니고, 양조방법에 따라 적포도로도 충분히 화이트 와인을 만들 수 있다. 포도의 즙과 함께 적포도의 껍질과 씨를 같이 발효시켰느냐 아니냐의 여부에 따라 색이 결정되고, 이 차이가 레드, 화이트, 로제 와인의 분류를 만드는 것이다.

A. 레드와인

> 글꼴 : 휴먼모음T, 12pt, 진하게, 기울임

포도껍질은 안토시아닌 색소와 함께 떫은 맛을 지닌 "타닌"성분을 함유하고 있다. 레드 와인의 경우 포도즙이 포도껍질과 함께 발효되기 때문에 많은 양의 안토시닌과 타인을 보유하게 되며, 이것이 와인에 붉은 자줏빛 색깔과 떫은맛을 부여한다. 포도 품종으로는 까베르네 쇼비뇽(Ccbernet Sauvignon)과 삐노 누아르(Pinot Noir), 메를로(Merlot), 그르나슈(Grenache), 가메(Gamay), 쉬라(Syrah), 까베르네 프랑(Cabernet Franc), 네비올로(Nebbiolo), 삐노 뫼니에(Pinot Meunier), 산조베세(Sangiovese), 템쁘라니요(Tempranillo), 말벡(Malbec) 등이 있다.

B. 화이트 와인

> 모양 복사

껍질을 벗긴 청포도의 쥬스만을 발효시킨 것으로 적포도주와는 달리 껍질의 색소 추출 과정이 없다. 적포도주에 비해 신선하고 산뜻한 제품이 많다. 약간 덜 익었을 때가 적절한 산도와 향을 유지하고 있으며, 건강한 포도인지의 여부가 중요하다. 최고의 화이트 와인은 대체로 독일과 프랑스 상파뉴 또는 부로고뉴 북부 지역에서 생산되는데, 이는 서늘한 기후 덕분에 와인의 신선함과 섬세함을 보존 할 수 있기 때문이다.

C. 로제 와인

> 모양 복사

핑크 와인이라고도 하며, 레드 와인과 화이트 와인의 중간 상태다. 만드는 방법은 레드 와인과 화이트 와인을 섞거나 적퍼더를 으깨어 백포도주의 양조법으로 만들거나, 레드 와인을 담그면서 색소 추출을 해 바로 꺼내는 방법을 사용한다. 좋은 로제 와인은 밝은 빛깔을 띠고, 색의 농도는 연한 톤에서 중간 톤의 장미꽃잎 색깔을 띤다.

2 문단 첫 글자 장식기능과 스타일 기능을 이용하여 문서를 완성해 보세요.

① 본문에 다음과 같은 문단 첫 글자 장식을 지정하세요.

– 문단 첫 글자 장식 기능 : '글꼴 : 양재와당체M', '글자색 : 루비색'

② 다음과 같이 스타일을 지정하고 소제목에 적용하세요.

– [스타일 이름] honey

– [문단 모양] – [간격] : 문단 위 '8pt', 문단 아래 '3'pt

– [글자모양] : 크기 '12pt', 글꼴 '양재블럭체', 글자 색 '에메랄드 블루'

벌꿀(Honey) 이야기

벌 꿀은 꿀벌이 식물의 꽃에서 꿀을 채취해 이것을 저장한 것을 말하며, 인류는 오래전부터 야생의 벌꿀로부터 꿀을 채취해 먹어왔다. 벌꿀은 끈끈한 액체로 그 빛깔과 향기, 맛이나 성분이 벌의 종류와 채취한 꽃에 따라 다르고 천연항생제로 알려진 프로폴리스, 여왕벌만이 평생 먹을 수 있는 생로얄제리, 자연의 종합 영양제인 생화분(꽃가루)은 뻘로부터 얻을 수 있는 산물이며 관련된 부산물들에 대한 영양 가치는 계속 연구되고 있다.

유익한 당과와 당분

벌꿀은 감미료이지만 다른 당과는 다른 점이 있다. 모든 당분 중에서 신장에 가장 부담을 덜 주며, 위장에서도 큰 자극 없이 쉽게 빠르게 동화되어 에너지원으로 변화하여 사람의 원기를 북돋아 줄 수 있다고 알려져 있다.

벌꿀(Honey) 채취의 과정

① 양봉가가 벌집으로부터 틀을 제거한다.
② 연기를 이용하여 벌을 쫓고 봉방을 드러낸다.
③ 벌집의 송송 뚫어진 봉방을 벗겨 낸다.
④ 채밀기로 벌꿀을 내린다.
⑤ 벌꿀을 망에 걸러 정제한 후 숙성시킨다.

벌꿀의 효능

꿀에는 각종 비타민을 다량의 효소가 들어 있어 피로회복이나 식욕증진뿐만 아니라 체력증진과 적혈구 증가작용도 한다고 한다. 또한 꿀의 영양소는 피부마사지에 효과가 있으며, 산모들의 산후 회복과 산후의 갈증이 심할 때도 도움이 되며, 소화기 계통이 약한 어린이 영양식으로 소화불량에 좋은 작용을 하는 것으로 알려져 있다.

벌꿀을 식품에 활용

식품	활용
도토리	도토리를 벌꿀과 함께 잰 후 2~3년 숙성시켜 섭취
인삼	인삼을 측면으로 절단한 후 벌꿀과 함께 3개월 이상 숙성시켜 차로 섭취
도라지	도라지를 벌꿀과 함께 잰 후 3개월 숙성시켜 섭취
배	배와 도라지. 꿀을 배합하여 숙성시킨 후 차로 섭취

벌꿀의 영양 분석

꿀을 '살아있는 식품'이라고 하는 이유는 꿀에는 비타민, 단백질, 미네랄 방향성 물질, 아미노산 등의 영양성분 이외에 포도당과 결종과당에 의한 피로회복 효과는 꿀만의 특징이라할 수 있다. 한국의 가정에도 음식의 감미료로 설탕보다는 인체에 해가 적으면서도 높은 영양소를 가지고 있는 꿀을 소비하는 가정이 많다고 한다.

성분	과당	포도당	자당	수분	당분	기타
백분율	38%	31%	1%	17%	9%	3.55%

05장 문서마당으로 한자 검정 문서 인쇄하기

한글 워드프로세서는 실생활 또는 일반적인 기관 및 기업의 업무에서 많이 사용되는 문서의 경우 미리 만들어진 문서형식을 제공하고 있습니다. 즉, 사용자는 일상적인 문서를 만들기 위해 고민할 필요가 없습니다. 이와 같이 미리 만들어져 제공하는 기능을 '문서마당'이라고 합니다. 문서마당을 사용하는 방법을 알아봅니다.

완성파일 미·리·보·기

무료 동영상

문서마당에서 한자 검정 문서 불러오기

● 완성 파일 : 한자6급.hwp

1 빈 문서에서 [파일]-[새 문서 🗋]-[문서마당 🗋]을 클릭합니다.

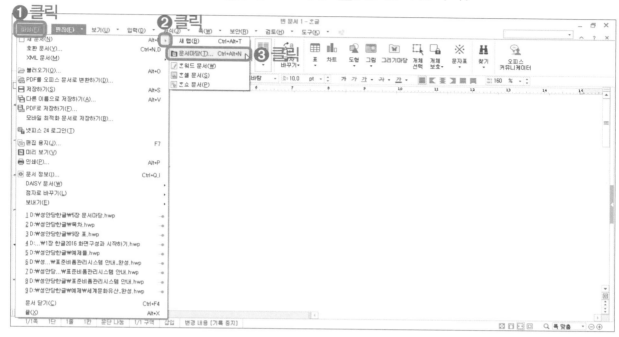

2 [문서마당] 대화상자에서 [문서마당 꾸러미] 탭을 선택하고 [한자 검정 문서]에서 '한자 검정 6급'을 클릭한 후 [열기] 단추를 클릭합니다.

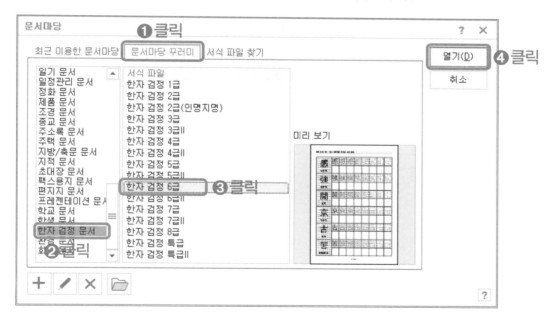

❸ '빈 문서'라는 파일명으로 문서 마당에서 선택한 '한자 검정 6급' 문서가 나타나면 [파일]-[저장하기 🖫] 메뉴를 눌러 '한자6급'으로 저장합니다.

실습2 문서 미리보고 인쇄하기

❶ 인쇄하기 전에 미리보기를 하기 위해 [파일]-[미리보기 🖳] 메뉴를 클릭합니다.

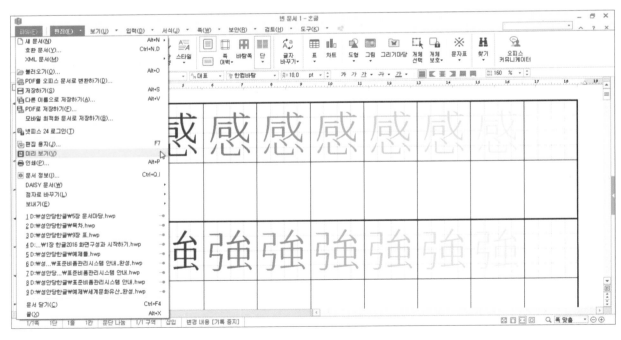

2 미리보기 화면에서 인쇄하기 전 편집 용지 설정 상태를 확인 또는 재설정하기 위해 [편집 용지 📋]를 선택합니다.

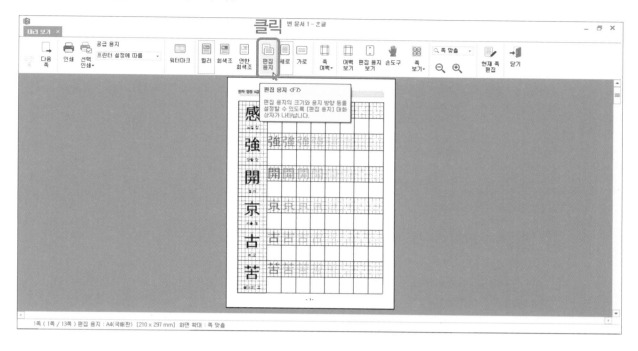

3 [편집 용지] 대화상자에서 용지의 종류, 용지의 인쇄 방향, 제본 모양, 편집 용지 여 백을 확인합니다.

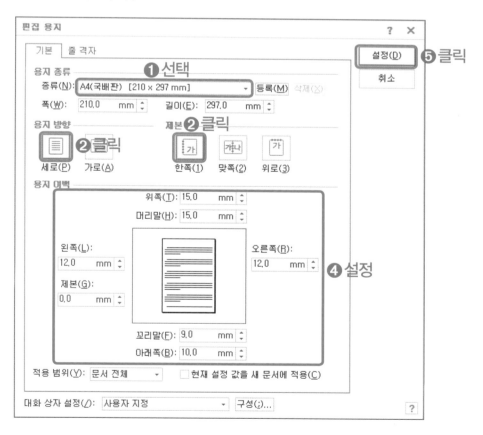

❹ [인쇄] 단추를 클릭한 후 [인쇄] 대화상자에서 연결된 프린터를 선택하고 인쇄 범위와 인쇄 매수, 인쇄 방식을 선택한 다음 [인쇄] 단추를 클릭합니다.

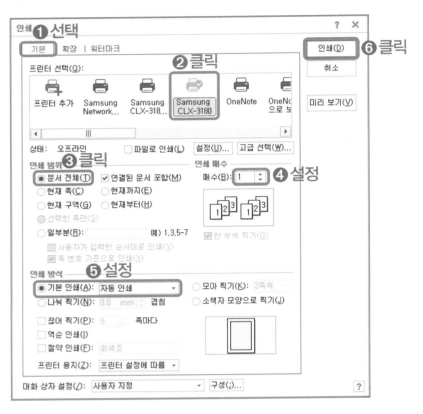

문서마당에서 서식 찾기

실습3

○ 완성 파일 : 경력증명서.hwp

❶ [파일]-[새 문서]-[문서마당]을 클릭합니다. [문서마당] 대화상자에서 [서식 파일 찾기] 탭을 선택하고 [찾을 서식 파일]에서 '경력증명서'를 입력한 후 [찾기]를 선택합니다.

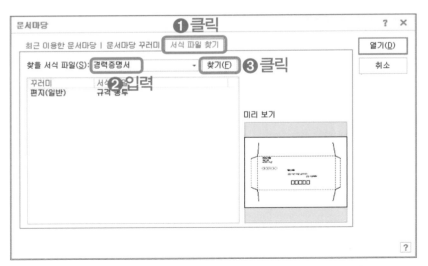

❷ 찾은 문서를 선택하고 [열기] 단추를 클릭합니다.

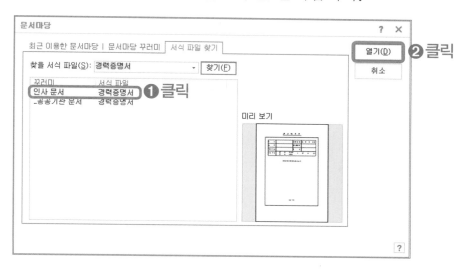

❸ '경력증명서'가 나타납니다.

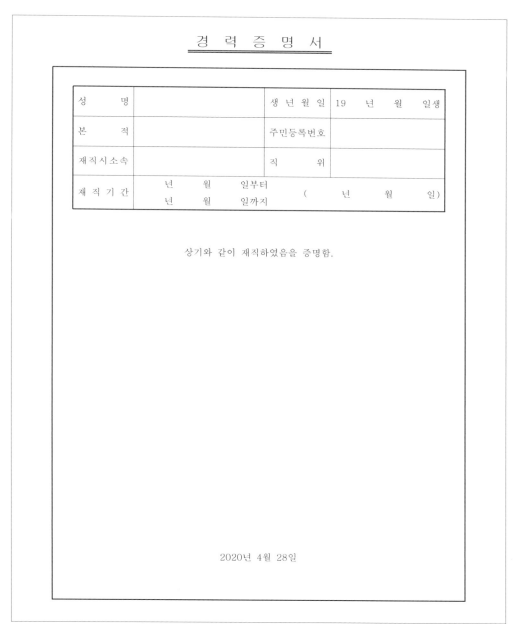

실습 4 모임 안내를 문서마당으로 만들기

● 완성 파일 : 부녀회 모임 안내.hwp

1 빈 문서에서 [파일]-[새 문서 📄]-[문서마당 📄]을 클릭합니다.

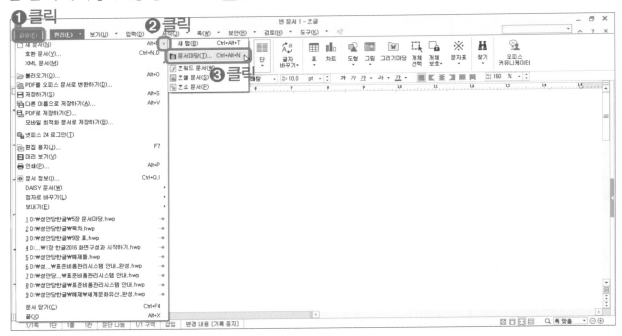

2 [문서마당] 대화상자에서 [문서마당 꾸러미] 탭을 선택하고 '광고지 문서'에서 '부녀회 모임 안내'를 클릭한 후 [열기] 단추를 선택합니다.

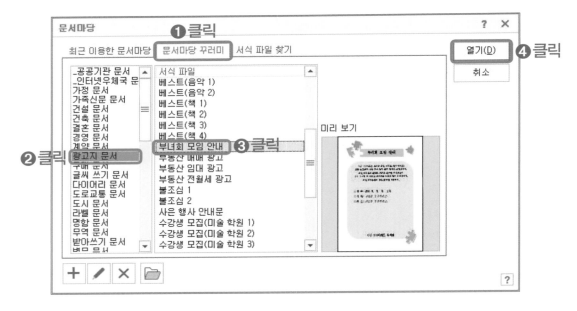

❸ 삽입된 문서에서 제목 '부녀회 모임 안내'를 드래그하여 범위 지정한 후 글꼴을 '한 컴 윤체M'으로 변경해 봅니다.

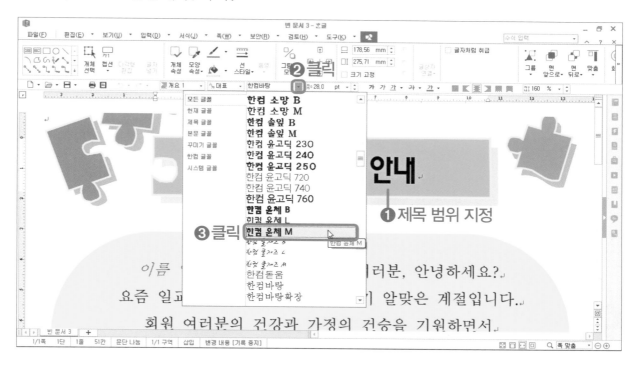

❹ '이름 입력'이라는 입력 화면을 클릭하면 빨간색 기울임꼴의 텍스트는 사라지고 입 력이 가능한 누름틀이 나타납니다. '이름 입력'에 '건영'과 '내용 입력'에 '10'을 입 력합니다.

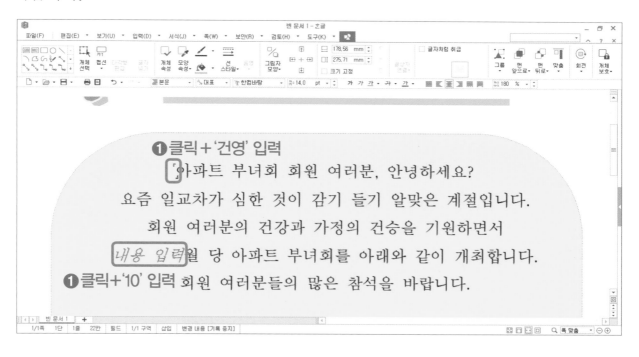

❺ 날짜와 시간, 장소의 누름틀에 각각의 내용을 입력합니다. 입력한 내용 중 '2020년 10월 9일 금요일'을 블록 지정한 후 서식 도구 상자에서 '글꼴 : 휴먼편지체', '글자 크기 : 20pt', '글자 색 : 루비색'을 지정합니다.

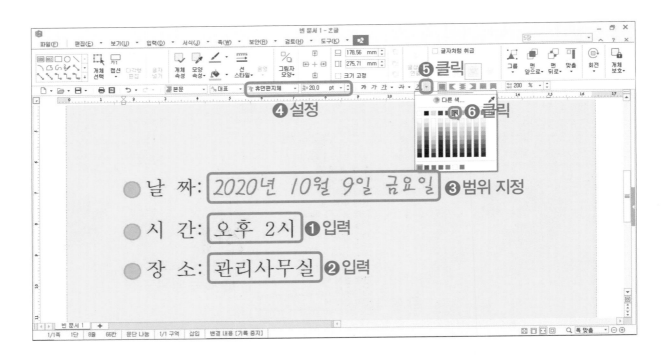

④설정 ⑤클릭 ⑥클릭

● 날 짜: 2020년 10월 9일 금요일 ❸범위 지정

● 시 간: 오후 2시 ❶입력

● 장 소: 관리사무실 ❷입력

❻ 저장하기 🖫 를 눌러 '부녀회 모임 안내'로 저장합니다.

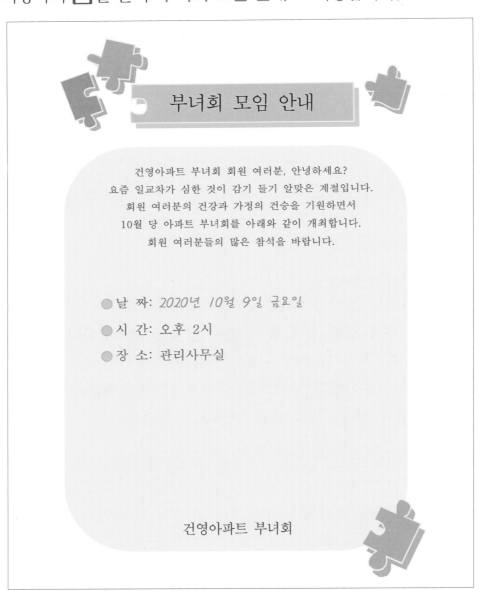

부녀회 모임 안내

건영아파트 부녀회 회원 여러분, 안녕하세요?
요즘 일교차가 심한 것이 감기 들기 알맞은 계절입니다.
회원 여러분의 건강과 가정의 건승을 기원하면서
10월 당 아파트 부녀회를 아래와 같이 개최합니다.
회원 여러분들의 많은 참석을 바랍니다.

● 날 짜: 2020년 10월 9일 금요일

● 시 간: 오후 2시

● 장 소: 관리사무실

건영아파트 부녀회

○ 완성 파일 : 그네뛰기_완성.hwp

1 문서마당에서 [문서마당 꾸러미]의 [생활 문서]에서 '색칠 공부3'을 불러와 인쇄 미리 보기를 해 봅니다.

○ 완성 파일 : 생일초대_완성.hwp

2 문서마당에서 [문서마당 꾸러미]의 [초대장 문서]에서 '생일 초대장1'을 불러와 텍스트를 입력하고 완성해 봅니다.

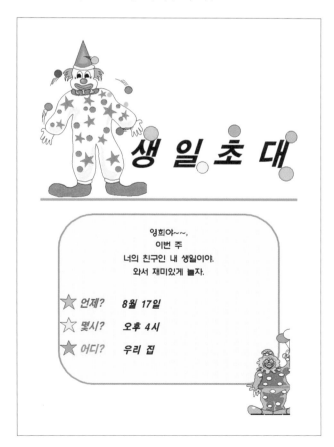

◎ 완성 파일 : 영어_완성.hwp

3 문서마당에서 [문서마당 꾸러미]−[생활 문서]의 '영어'를 불러와 인쇄해 봅니다.

◎ 완성 파일 : 아르바이트 모집_완성.hwp

4 문서마당에서 [문서마당 꾸러미]−[광고지]의 '아르바이트 모집 2'를 불러와 인쇄해 봅니다.

06장 그리기 개체로 꽃 그리기

문서를 작성하다보면 사용자는 문서의 내용을 보다 쉽게 전달하기 위해 그림이나 도형과 같은 것을 이용할 수 있습니다. 문서 내에 도형을 삽입하고 편집하는 방법을 알아보며 필요에 따라 그림이나 도형들을 묶어 하나의 개체로 만들면 사용자는 마치 여러 개의 도형이나 그림을 하나의 개체처럼 문서 내에서 자유롭게 편집이 가능합니다.

무료 동영상

완성파일 미·리·보·기

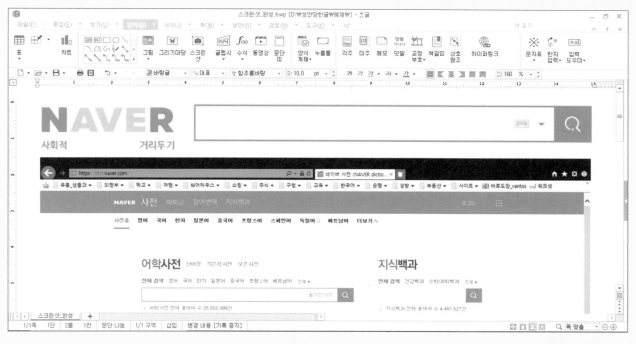

실습1 도형 그리고 그룹화하기

● 완성 파일 : 꽃_완성.hwp

1 [입력] 탭을 클릭하여 개체에서 타원을 선택합니다. 마우스 모양이 +모양으로 바뀌면 원하는 위치에서 마우스를 드래그하여 원을 그립니다.

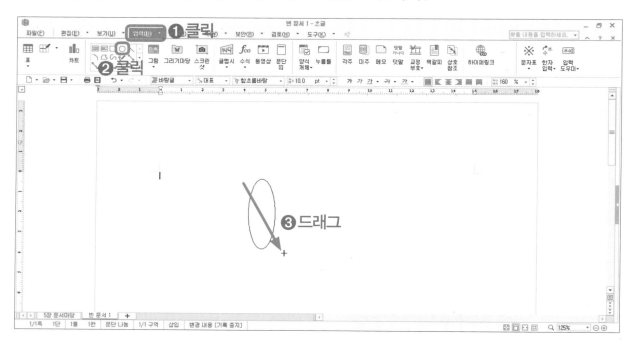

2 삽입된 타원 개체를 선택하여 나타나는 조절점(↘)을 드래그하여 원하는 크기로 조절합니다.

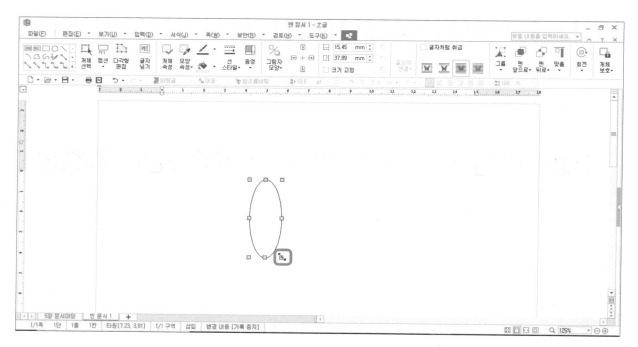

③ 개체의 선과 색을 지정하기 위해 개체를 더블클릭한 후 [개체 속성] 대화상자의 [선]
탭에서 선의 종류를 '선 없음'으로 선택합니다.

④ [채우기] 탭의 채우기에서 '면 색'을 선택한 후 '에메랄드 블루'를 선택하고 [설정]
단추를 클릭합니다.

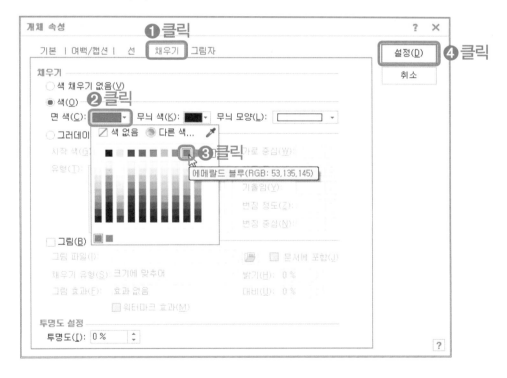

⑤ 삽입된 타원 개체를 선택하고 `Ctrl` 을 누른 상태에서 드래그하여 복사합니다. 개체를 회전하기 위해 [도형 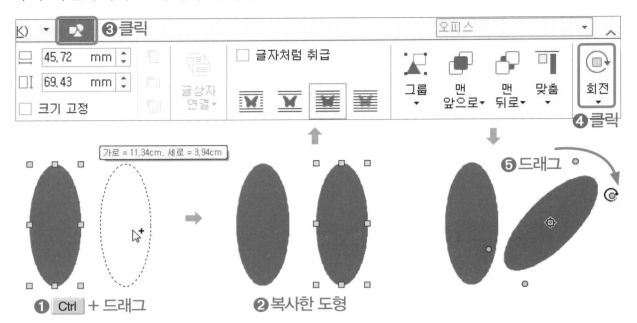] 탭의 [개체 회전 ⊙]을 선택한 후 회전점 ◎을 드래그하여 회전하거나 표시에서 위치를 이동합니다.

⑥ 3개의 타원을 더 복사 한 후 배치합니다.

⑦ 가운데에 원 도형을 그려 넣고 개체를 더블클릭합니다. [개체 속성] 대화상자의 [선] 탭에서 선의 종류를 '선 없음'으로 선택합니다. [채우기] 탭의 채우기에서 '면 색 : 하양'으로 선택한 후 [설정] 단추를 클릭합니다.

❶ 원 삽입

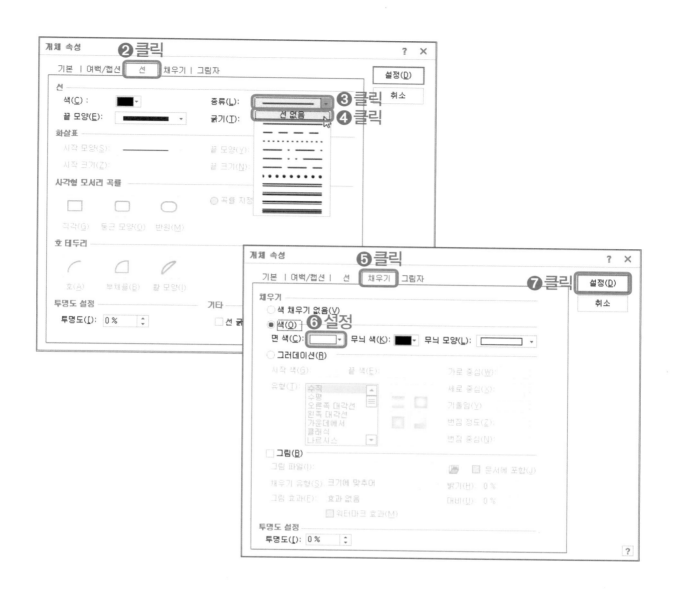

8 Shift 키를 누르면서 5개의 개체를 마우스로 클릭하여 모두 선택한 후 [도형 ▨] 탭의 [그룹 ▴]에서 [개체 묶기 ▴]를 선택하여 하나의 개체로 그룹화 합니다.

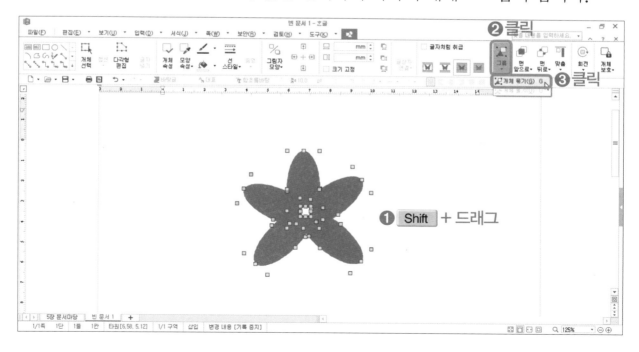

[편집] 탭의 [개체 선택 🖱]을 선택한 후 선택하고자 하는 도형을 포함하게 드래그하면, 범위 안의 모든 도형을 선택할 수 있습니다.

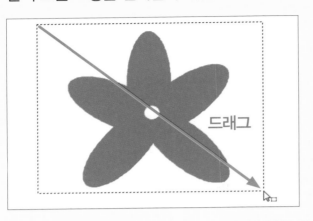

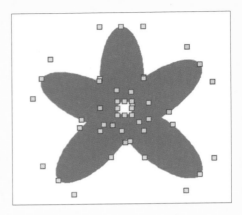

실습2 곡선 그리기

❶ [입력] 탭의 개체에서 곡선(〰)을 선택합니다. 마우스 모양이 + 모양으로 바뀌면 원하는 모양으로 드래그하여 그리고 처음과 끝점을 만나게 합니다.

실력쑥쑥 TIP **곡선 (〰)**

• 위치를 이동하면서 클릭하면 곡선이 그려집니다.
• Shift + Ctrl 을 누른 채 클릭하면 직선이 그려집니다.

❷ 삽입된 곡선 개체를 더블클릭하여 나타난 [개체 속성] 대화상자에서 선과 채우기를 지정합니다.

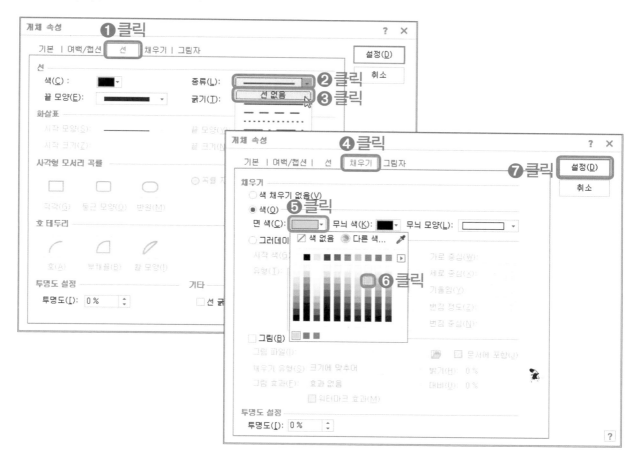

❸ 삽입된 곡선 개체를 복사하기 위해 Ctrl 키를 누른 상태에서 드래그한 후 [모양 🖼] 탭-[개체 회전 ⊙]-[상하대칭 ▷◁]을 클릭하고, 채우기 색을 변경합니다.

❹ 두 개의 도형을 선택한 후 [도형 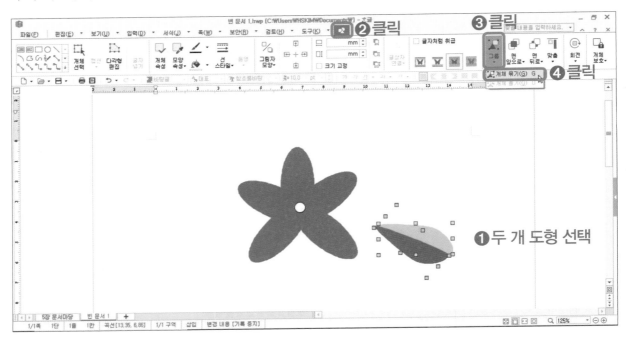] 탭-[그룹]-[개체 묶기]를 선택하여 하나의 개체로 그룹화 합니다.

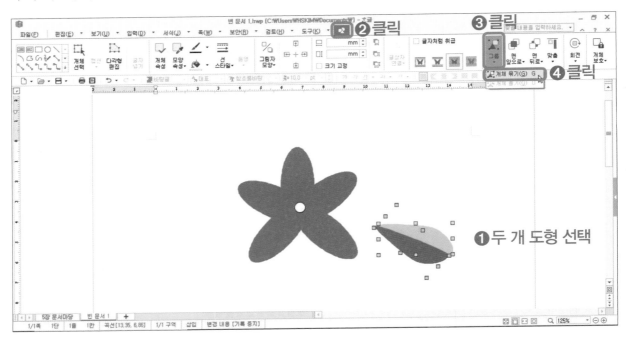

❺ 그룹한 그리기를 먼저 만든 꽃 위에 위치한 후 [도형] 탭-[맨 뒤로]-[맨 뒤로 보내기]를 클릭합니다.

실습3 그리기마당에 등록하기

1 그려진 모든 개체를 모두 선택한 다음 [도형] 탭-[그룹]-[개체 묶기]를 선택합니다.

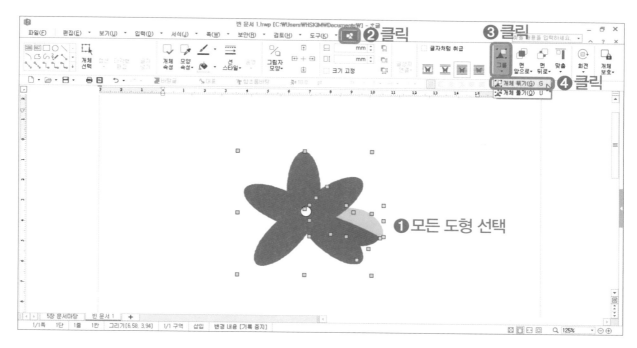

2 하나의 개체로 묶어지면 바로가기 메뉴를 클릭하여 [그리기마당에 등록]을 선택합니다.

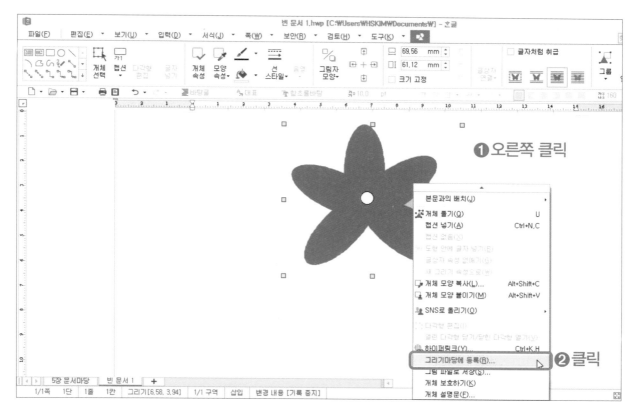

❸ [그리기 조각 등록] 대화상자에서 '등록할 꾸러미 목록 : 도형(평면)', '이름 : 꽃'을 입력하고 [등록] 단추를 클릭합니다.

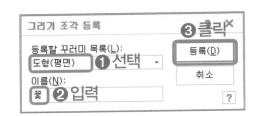

❹ 편집 화면의 그리기 도구상자에서 [그리기마당]을 클릭한 다음 '도형(평면)'을 선택하면 '꽃'이 등록되어 있습니다.

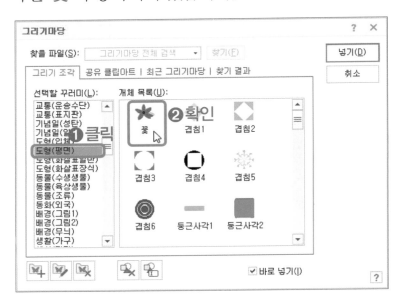

실습4 스크린샷으로 이미지 캡처하기

○ 완성 파일 : 스크린샷_완성.hwp

❶ [입력] 탭의 [스크린샷 📷]을 클릭하면 현재 열려있는 모든 창들이 나타납니다. 열려있는 네이버 창을 선택하고 [화면 캡처] 단추를 클릭합니다.

※ 네이버를 실행시킨 후 작업을 합니다.

❷ 네이버 창이 나타나면 캡처할 부분을 드래그합니다.

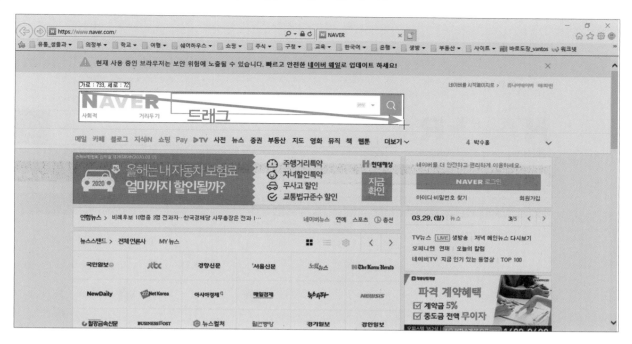

❸ 네이버 전체 창에서 원하는 부분만 캡처되어서 한글에 붙여넣기가 됩니다.

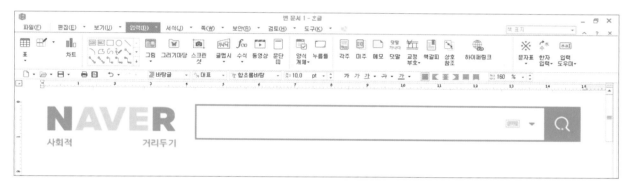

❹ 이번에는 전체 화면을 캡처하기 위해 [입력] 탭의 [스크린샷 📷]을 클릭하면 현재
열려있는 모든 창들이 나타납니다. 열려있는 네이버 창을 선택하고 [넣기] 단추를
클릭합니다.

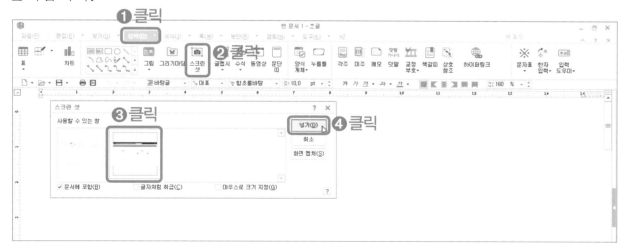

⑤ 화면에서 보이는 네이버 전체 화면이 한글에 붙여넣기가 됩니다.

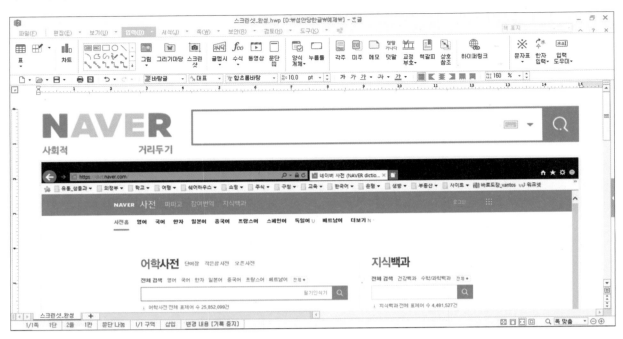

◯ 완성 파일 : 버스_완성.hwp

1 그리기 개체를 이용하여 다음과 같이 그려봅니다.

◯ 완성 파일 : 가족_완성.hwp

2 그리기 개체를 이용하여 다음과 같이 그려봅니다.

3 화면 캡처기능으로 이미지를 캡처 해봅니다.

● 완성 파일 : 스크린샷연습_완성.hwp

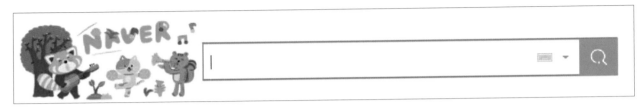

07장 그리기 마당으로 책 표지 만들기

한글 워드프로세서는 일상적인 그림들을 사용자에게 프로그램과 함께 제공하고 있습니다. 이런 기능을 '그리기 마당'이라고 합니다. '그리기 마당'에는 우리가 필요로 하는 많은 분야의 일러스트(illustration)를 포함하고 있어 사용자는 삽입하고자 하는 그림의 형태를 이름을 검색하거나 제목으로 찾아 사용할 수 있습니다.

완성파일 미·리·보·기

무료 동영상

그리기마당 개체 삽입하기

○ 완성 파일 : 책표지.hwp

1 그림을 삽입하기 위해 [입력] 탭-[그리기마당 🦋]을 선택합니다.

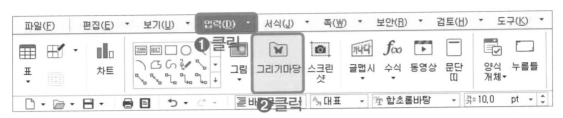

2 [그리기마당] 대화상자의 [그리기 조각] 탭에서 선택할 꾸러미의 '식물(일반)'의 '소나무'를 선택한 다음 [넣기] 단추를 클릭합니다.

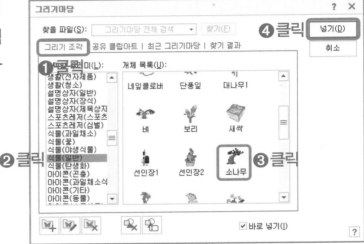

3 마우스 포인트의 모양이 +로 바뀌면 마우스로 드래그하여 그림을 삽입합니다. 이미지가 삽입되면 이미지를 클릭하여 조절점이 나타나게 합니다. 8개의 조절점(■)을 원하는 방향으로 드래그하여 크기를 조절합니다.

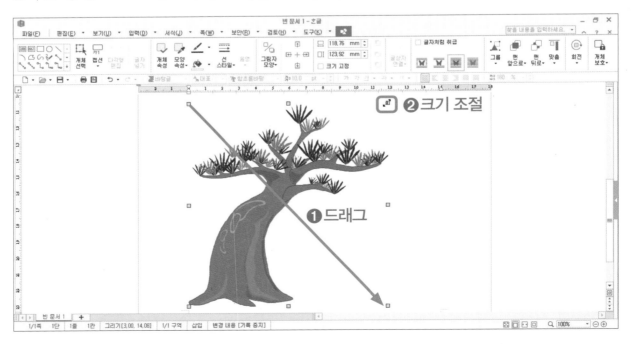

④ 이동할 경우에는 이미지를 선택하여 조절
점이 나타난 상태에서 마우스 포인트에
모양이 나타나면 드래그하여 원하는 위
치로 이동합니다.

위치 이동

실습2 개체 복사하고 회전하기

① 그리기마당의 [그리기 조각] 탭의 '아이콘(곤충)' 꾸러미에서 '나비'를 선택한 후 [넣기] 단추를 클릭하여 삽입하고 크기와 위치를 조절합니다.

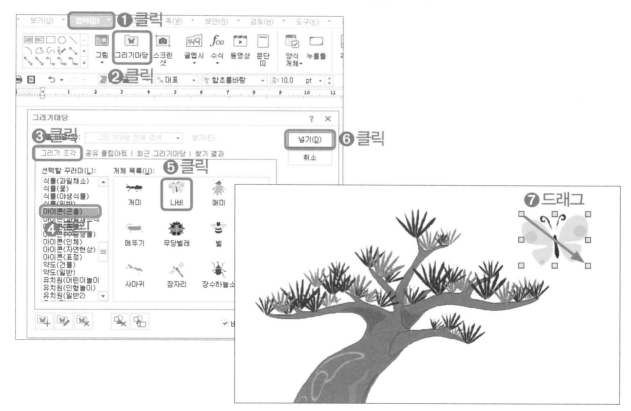

❷ 삽입한 개체를 클릭한 상태에서 [편집] 탭의 [복사하기 📋]를 클릭하여 복사합니다.

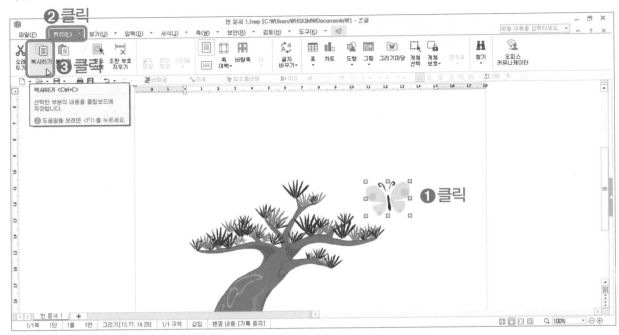

❸ 복사된 개체를 삽입하기 위해 [편집] 탭의 [붙이기 📋]를 클릭한 후 위치를 이동합니다.

④ 이번에는 [도형 📷] 탭–[회전 ⟳]–[좌우 대칭 ◖◗]을 선택합니다.

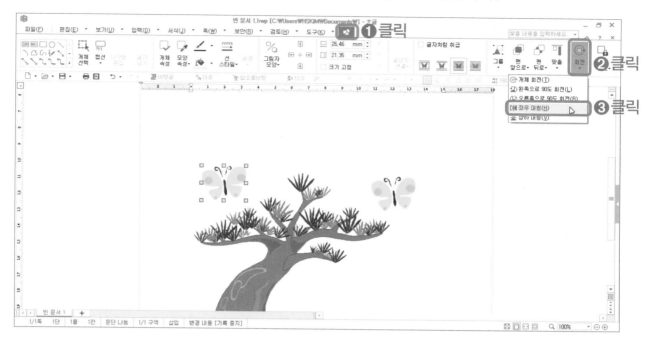

⑤ [도형 📷] 탭–[회전 ⟳]–[개체 회전 ⟳]을 선택합니다. 개체 가장자리의 조절점
(○)을 드래그하여 원하는 방향으로 회전합니다.

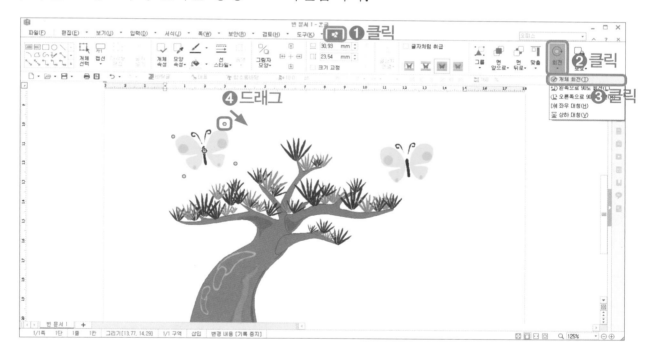

⑥ 위와 같은 방법으로 '캐릭터(가족)'에서 개체들을 삽입하고 배치시킨 후, 모든 개체를 Shift 키를 눌러 차례로 선택한 후 [도형 🔳] 탭의 [그룹 🔺]에서 [개체 묶기 🔺]를 선택합니다. [개체 묶기] 대화상자에서 [실행] 단추를 클릭한 후 묶인 개체를 아래로 이동시킵니다.

실습3 글맵시를 이용하여 멋진 글자 만들기

① 제목 글을 만들기 위해 [입력] 탭의 [글맵시 🔳]를 클릭하여 원하는 모양을 선택합니다.

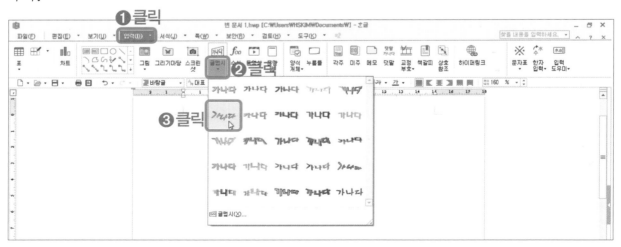

② [글맵시 만들기] 대화상자가 나타나면 '쉽게 배워 폼나게 활용하는'을 입력한 다음 '글꼴 : 한컴 쿨재즈 B'로 선택한 후 [설정] 단추를 클릭합니다.

③ 글맵시 개체가 삽입되면 개체를 선택하여 개체의 크기와 위치를 이동합니다.

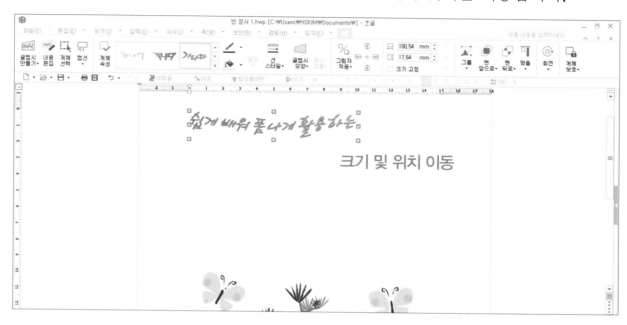

실력쑥쑥 TIP **글맵시 모양 변경**

[입력] 탭–[글맵시 모양 ◢]에서 모양을 변경할 수 있습니다.

글상자로 제목 입력하기

❶ [입력] 탭을 클릭한 후 개체에서 [가로 글상자]를 선택합니다.

❷ 마우스로 드래그하여 글상자가 만들어지면 글상자 안에 다음과 같이 제목 텍스트를 입력하고 글자의 크기를 '80'으로 지정한 후 글상자의 테두리 부분을 더블클릭합니다.

❸ [개체 속성] 대화상자가 나타나면 [선] 탭의 선 종류를 '선 없음'으로 선택한 후 [채우기] 탭에서 채우기를 '색 채우기 없음'으로 선택한 다음 [설정] 단추를 클릭합니다.

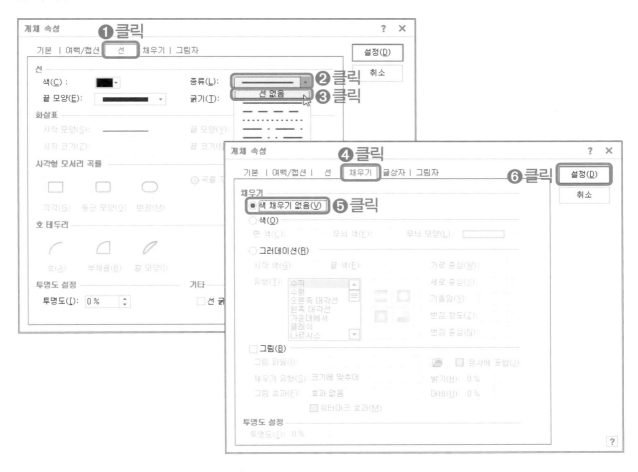

❹ 완성된 문서를 [파일] 탭-[저장하기 💾]에서 '책표지.hwp'로 저장하고, [파일] 탭-[미리보기]에서 전체 화면을 확인합니다.

◎ 예제 파일 : 12간지.hwp
● 완성 파일 : 12간지_완성.hwp

1 그리기마당 개체를 이용하여 문서를 완성해 보세요.

12 간 지

자(쥐)	축(소)	인(호랑이)	묘(토끼)
진(용)	사(뱀)	오(말)	미(양)
신(원숭이)	유(닭)	술(개)	해(돼지)

● 완성 파일 : 사군자_완성.hwp

2 글맵시와 그리기마당 개체를 이용하여 문서를 완성해 보세요.

3 예제 파일 이야기와 관련 있는 이미지를 그리기마당에서 삽입하고 글상자로 제목을 입력합니다.

한국의 민속놀이

씨름

씨름은 한국 고유의 운동으로, 두 사람이 샅바나 바지 허리춤을 잡고 힘과 슬기를 겨루어 상대방을 넘어뜨리는 경기이다. 씨름은 상대방의 허리와 다리에 감은 샅바를 잡고, 경기가 시작되면 발을 제외한 몸의 일부가 땅에 먼저 닿은 사람이 진다. 경기 규칙은 복잡하진 않지만, 몸 전체의 근육과 기술을 고루 사용할 줄 알아야 하며, 순발력, 근력, 정신력, 지구력, 체력 등 다양한 요소를 요하는 경기이다.

널뛰기

널뛰기는 정초에 여성들이 즐겨하는 한국의 민속놀이이다. 설날 또는 단오 때 부녀자들이 벌이는 대표적인 민속 놀이로, 길다란 널빤지의 중앙 아래쪽에 가마 또는 짚묶음을 뭉쳐 괴고 널빤지의 양끝에 한 사람씩 올라서서 마주보고 구르면서 뛰어오르는 놀이이다. 옛날의 부녀자들은 주로 집안에서 갇혀 살았기 때문에 널뛰기로 공중 높이 뛰어올라 담장 밖의 세상을 살펴보았다고 한다.

팽이

팽이는 어린이를 위한 장난감 중 하나고 회전한다. 팽이는 매우 오래 된 장난한다. 도토리 따위를 돌리며 장난하던 즐기는 놀이로 발전한 듯하다. 세계에서 나무와 돌로 만든 것이라 한다. 역사적 도박이나 예언의 용도로 쓰이기도 했다.를 주사위와 함께 사용하여 임의화된 결과를 만들기도 한다. 로서, 하나의 고정된 축으로 균형을 잡 감으로, 여러 고대 유적지에서 발견되곤 놀이가 팽이라고 하는 장난감을 만들어 가장 오래된 팽이는 고대 이집트에서 으로 팽이는, 놀이기구로의 용도 외에도 아직도 일부 롤플레잉 게임에서는 팽이

차전놀이

차전놀이는 동·서편으로 갈라서 하는데, 여기에 소요되는 동채를 만들 때는 여러 가지 금기가 있다. 20~30척이 되는 단단한 나무를 구하기 위해서는 멀리 산간지방에까지 파견되며, 지정된 나무는 깨끗하게 가져와 두 개를 같은 길이로 자르며, 마사 등의 줄로 차머리를 ×형으로 졸라맨다. , 대체로 25~40세의 남자 500여 명이 동서로 갈리어 승부를 겨룬다. 동부의 대장을 부사, 서부의 대장을 영장이라고 하며 싸움할 때는 동채와 동채가 서로 맞닿게 한다. 그리고 승부 방법은 상대방의 동채의 앞머리를 땅에 닿게 하거나 상대방의 대장을 머리꾼들이 끌어내리거나 자기편 동채의 앞머리가 상대방의 앞머리보다 높이 올라가게 하면 이긴다. ⓒwiki

이력서, 공문, 안내장과 같은 문서들은 관습적으로 유사한 양식을 갖추고 한 쪽으로 구성되는 경우가 많지만 반면에 논문, 실험 결과서, 소설, 수필 같은 문서는 여러 쪽으로 구성되는 경우가 대부분입니다. 이러한 문서들을 각각의 특징에 맞춰 문서의 모양과 형식을 갖추게 하는 방법들에 대해 알아봅니다.

완성파일 미 리 · 보 · 기

무료 동영상

커피사랑

커피 이야기

우리나라의 커피소비량은 2018년 기준으로 1인당 약 353잔으로 세계 평균 1인당 소비량 132잔에 대비해 3배 가까이 된다. 이를 시장규모로 보면 약 7조 원가량 된다. 일반적으로 커피[1]는 암 예방 효과가 있고 혈압을 낮춰주며 집중력향상을 도와주나 부작용으로는 과다한 섭취는 칼슘의 흡수를 방해하며 위장장애 및 심근경색을 유발하는 것으로도 알려져 있는 커피는 커피나무의 씨를 볶아 가루로 낸 후 뜨거운 물이나 증기 또는 차가운 물로 우려낸 음료이다.

아프리카
에티오피아, 케냐, 탄자니아 등지에서 생산되는 커피가 유명하며 특히 에티오피아 커피는 우리에게 잘 알려진 아라비카 커피의 원산지이며 수확 시기는 10월부터 3월까지이다. 아라비카 커피는 물로 씻어 가공하는 방식과 자연건조식이 있는데 자연건조식의 경우 단맛과 커피향의 밸런스가 잘 잡힌 균형 있는 맛을 느낄 수 있다.

남아메리카
브라질, 콜롬비아 등지에서 생산되며 특히 브라질은 전 세계 최대의 커피생산국으로 대부분 아라비카 품종으로 연간 60킬로그램 포대로 약 5천 1백만 포대 이다. 이는 전 세계 생산량의 약 절반 가까이 된다. 브라질 커피는 부드러운 향과 중성적인 맛으로 블랜딩 용으로 많이 사용되며 종류로는 버본산토스, 몬테알레그레, 카페 리오테가 있다.

중앙아메리카
코스타리카, 과테말라, 온두라스, 자메이카, 멕시코 등에서 생
고유한 품종과 맛을 갖고 있는데 특히 코스타리카는 정부에서
질이 우수하다. 중앙아메리카는 화산성 토양으로 형성되어 생
별 토양의 특징이 차이가 있어 국가별 커피의 향과 맛이

아시아
인도, 인도네시아, 베트남 등에서 생산되는 아시아 지역의 커
위의 생산량으로 약 13% 정도를 차지하고 있으며 우리나라의
한다. 또한 아시아는 지역이 넓어 남미에 이어 지역 생산량이
로 다양한 커피 맛을 즐길 수 있다.

_____
1) 커피나무 열매의 씨를 볶아 가루로 낸 것을 물 또는 증기로 우려

실습 1 문서에 그림 삽입하고 배치하기

◎ 예제 파일 : 커피 이야기.hwp   ● 완성 파일 : 커피 이야기_완성.hwp

1 제목 '커피 이야기'를 범위 지정한 후 '글자 크기 : 14pt', '가운데 정렬 틀'을 선택합니다.

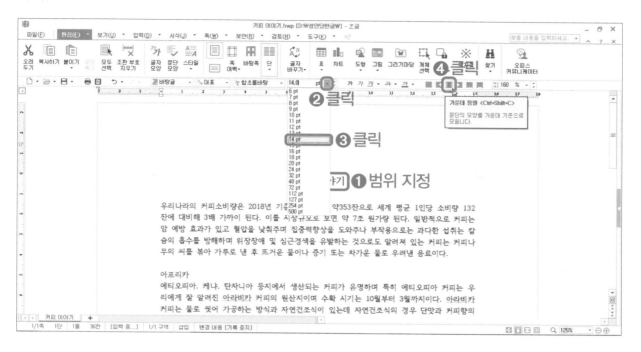

2 그림을 삽입하기 위해 [편집] 탭의 [그림 🖼]을 클릭합니다.

③ [그림 넣기] 대화상자에서 '**커피**' 이미지를 클릭하고 [넣기] 단추를 선택합니다.

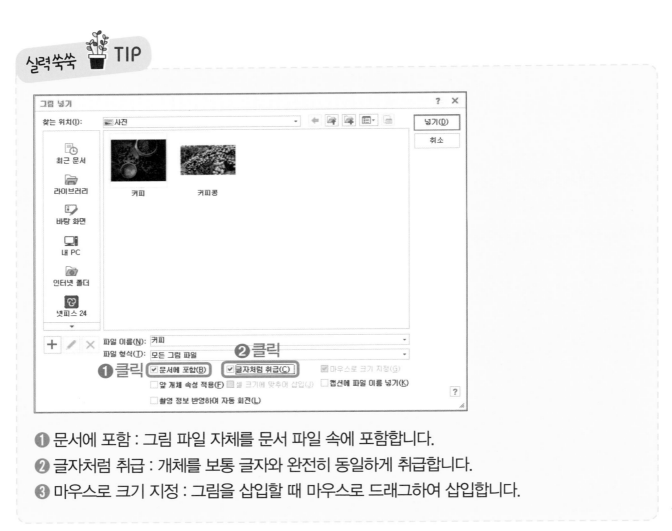

❶ 문서에 포함 : 그림 파일 자체를 문서 파일 속에 포함합니다.

❷ 글자처럼 취급 : 개체를 보통 글자와 완전히 동일하게 취급합니다.

❸ 마우스로 크기 지정 : 그림을 삽입할 때 마우스로 드래그하여 삽입합니다.

❹ 삽입된 그림을 편집하기 위해 삽입된 그림을 더블클릭한 후 [개체 속성] 대화상자의 [기본] 탭에서 '너비 : 40mm', '높이 : 30mm', '본문과의 배치 : 어울림'을 선택하고, [여백/ 캡션] 탭에서 오른쪽, 아래쪽 바깥 여백의 값을 '2mm'로 지정하고 [설정] 단추를 클릭합니다.

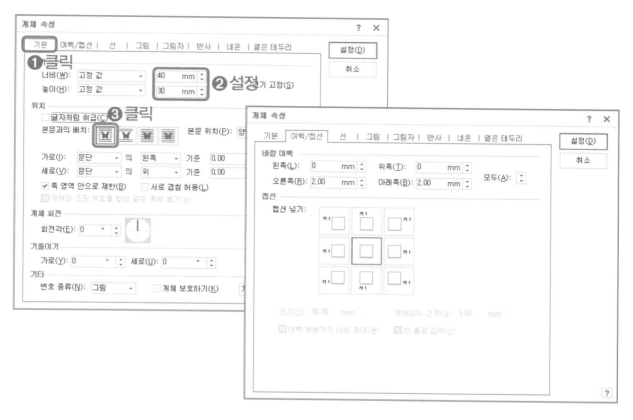

❺ [편집] 탭의 [그림 📷]을 클릭하여 '커피콩' 이미지를 본문에 삽입한 후 [여백/ 캡션] 탭에서 왼쪽, 위쪽, 아래쪽 바깥 여백의 값을 '2mm'로 지정하고 [설정] 단추를 클릭합니다.

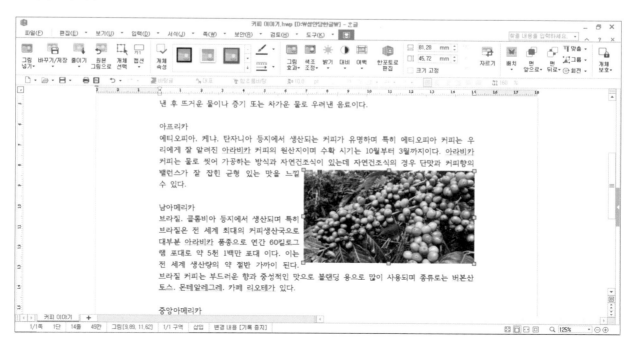

실습2 그림에 스타일과 텍스트에 각주 지정하기

① 삽입된 '커피콩' 이미지를 선택하고 [그림] 탭의 [그림 효과 ▣]-[반사]에서 '1/3 크기, 4pt'를 클릭합니다.

② [그림] 탭의 [자르기 ⊹]를 선택한 후 드래그하여 불필요한 부분은 잘라내기 합니다.

❸ '커피' 이미지를 선택하고 [그림] 탭의 [회전]에서 [개체 회전 ⊙]을 선택합니다. 개체 가장자리의 조절점(◉)을 드래그하여 원하는 방향으로 회전합니다.

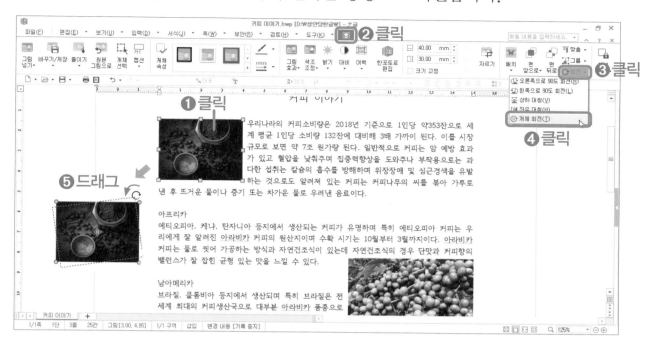

❹ '커피' 이미지가 선택되어 있는 상태에서 [그림] 탭의 [그림 효과 ▦]-[그림자]-[원근감]의 '대각선 오른쪽 위'를 선택합니다.

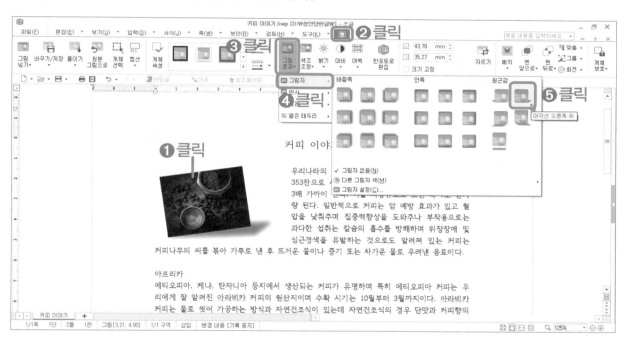

❺ 본문의 '커피' 글자 뒤에 마우스를 클릭한 후 [입력] 탭의 [각주 📄]를 클릭합니다.

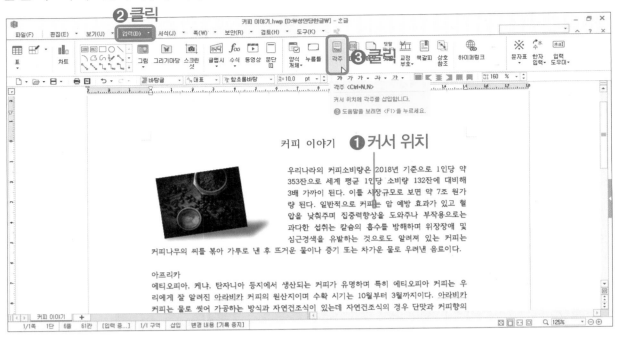

❻ 각주의 내용에 '커피나무 열매의 씨를 볶아 가루로 낸 것을 물 또는 증기로 우려내
어 마시는 음료'를 입력하고 [주석] 탭의 [닫기 ➡📕] 단추를 클릭합니다.

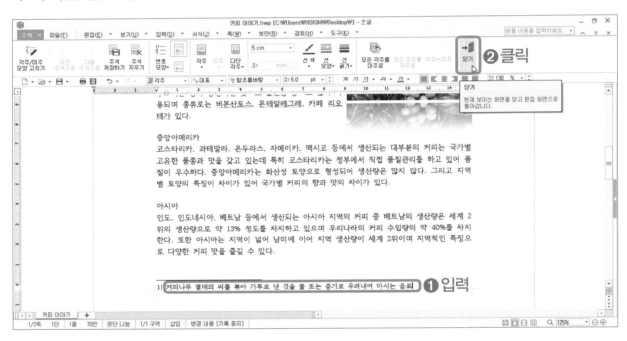

1. 각주(📄)/미주(📄)와 덧말의 차이점

'각주'는 각주 번호가 들어 있는 본문 쪽의 아래 부분에 각주 내용이 놓입니다. '미주'는 미주 번호가 들어 있는 본문 쪽과는 상관없이, 그 장이나 글 전체를 끝맺고 난 맨 뒷부분에 미주 내용이 놓입니다. 그러나 '덧말'은 본말의 바로 아래나 위에 위치합니다.

2. 덧말(_{덧말})의 속성과 위치

덧말은 본말의 글자 속성을 그대로 따라가며, 본말의 가운데부터 정렬을 합니다. 하지만 덧 말의 글자 크기는 본말의 1/2 크기로 고정되어 있고, 본말의 크기에 비례합니다. 본말의 크 기가 큰 경우는 덧말도 그 크기에 비례하여 커지게 됩니다.

아이콘	이름	설명
한글 한글	위	덧말을 본말의 위쪽에 넣습니다.
한글 한글	아래	덧말을 본말의 아래쪽에 넣습니다.

실습3 머리글과 페이지 번호 넣기

1 본문에 커서를 위치시키고 [쪽] 탭의 [머리말 📄]−[머리말/꼬리말 📄]을 클릭합니다.

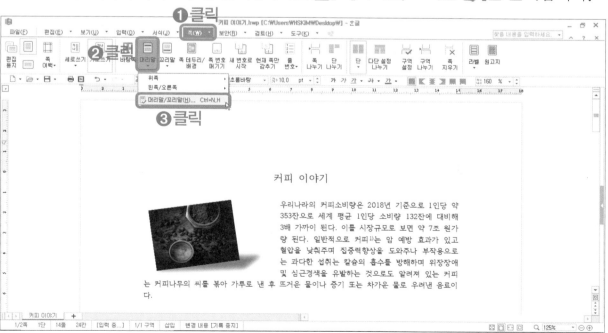

2 [머리말/꼬리말] 대화상자가 나타나면 '종류 : 머리말', '위치 : 양쪽'으로 지정하고 [만들기] 단추를 클릭합니다.

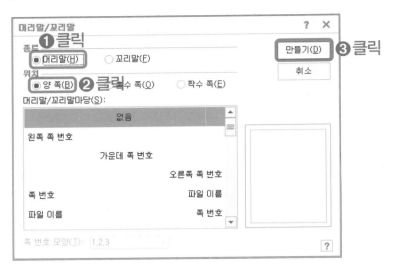

3 '커피사랑'이라고 입력하고 [서식] 도구모음에서 '오른쪽 정렬 ⊒'을 지정한 다음 [머리말/꼬리말] 탭의 [머리말/꼬리말 닫기 ←┃]를 클릭합니다.

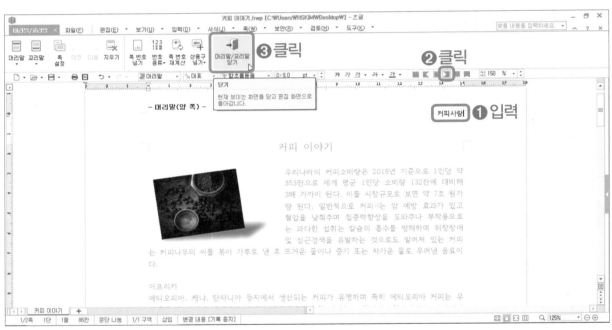

❹ [쪽] 탭의 [쪽 번호 매기기 ₋₁₋]를 클릭합니다.

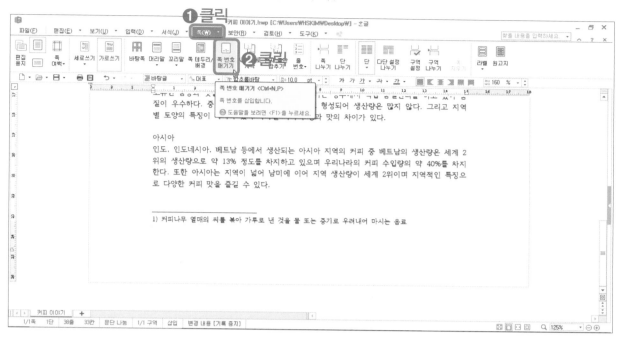

❺ [쪽 번호 매기기] 대화상자에서 '번
호 위치 : 오른쪽 아래', '번호 모양
: 1,2,3'으로 선택한 후 [넣기] 단추를
클릭합니다.

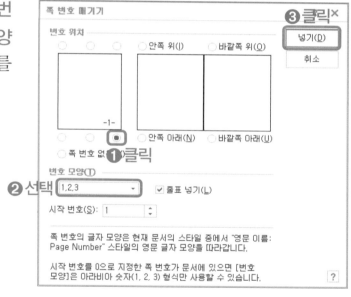

실력쑥쑥 **TIP** 현재 쪽만 감추기

머리말이나 꼬리말, 쪽 번호, 쪽 테두리, 쪽 배경, 바탕쪽을 감추고 싶을 때 선택합니다.

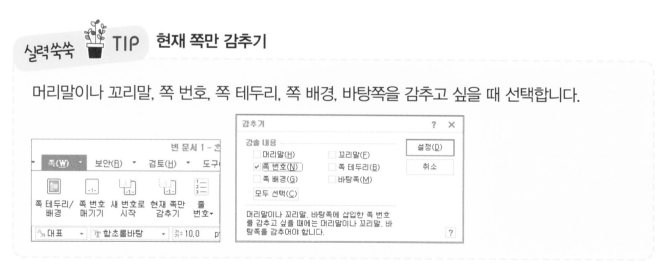

◎ 예제 파일 : 플라멩코.hwp　　● 완성 파일 : 플라멩코_완성.hwp

1 '플라멩코' 파일의 동영상을 삽입할 곳에 마우스 커서를 위치시키고, [입력] 탭의 [동영상 ▶]을 클릭합니다.

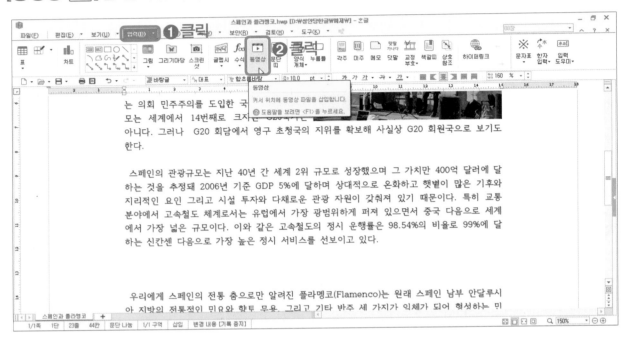

2 [동영상 넣기] 대화상자에서 [동영상 파일 선택 🗁] 단추를 클릭한 후, 제공된 '플라멩코' 동영상 파일을 선택한 후 [열기] 단추를 클릭합니다.

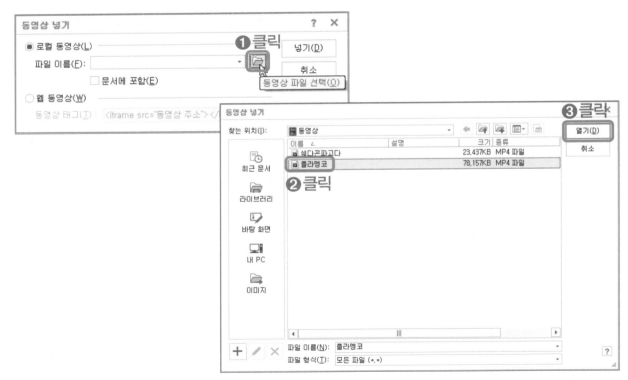

❸ [동영상 넣기] 대화상자에서 로컬 동영상에 파일 이름이 나타나면 [넣기] 단추를 클릭합니다.

❹ 동영상을 선택하고 마우스 오른쪽 버튼을 클릭하여 [개체 속성]을 선택합니다.

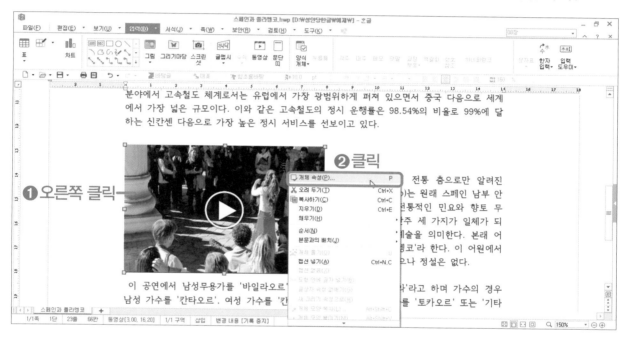

❺ [개체 속성] 대화상자의 [여백/캡션] 탭에서 '오른쪽 : 2mm'로 지정하고 [설정] 단추를 클릭합니다.

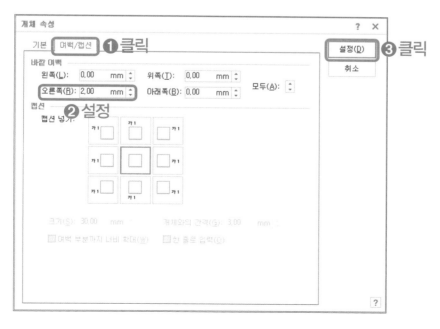

❻ 다음과 같이 문서에 동영상이 삽입된 후 플레이(play)를 눌러 실행시켜 봅니다.

클릭

실습5 책갈피 지정과 하이퍼링크 연결하기

◎ 예제 파일 : 추출 방식에 따른 커피.hwp　　◉ 완성 파일 : 추출 방식에 따른 커피_완성.hwp

❶ 중간 제목의 '드립커피' 앞에 커서를 위치시키고 [입력] 탭의 [책갈피 📄]를 클릭합니다.

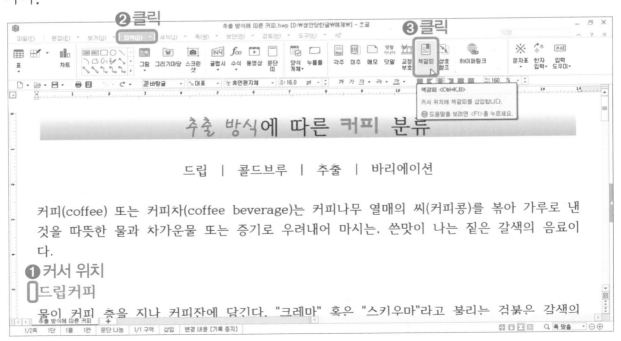

② [책갈피] 대화상자에서 책갈피 이름을 '드립커피'로 입력하고 [넣기] 단추를 클릭합니다.

③ 나머지 '콜드브루', '추출커피', '바리에이션커피'에도 같은 방법으로 책갈피를 지정합니다.

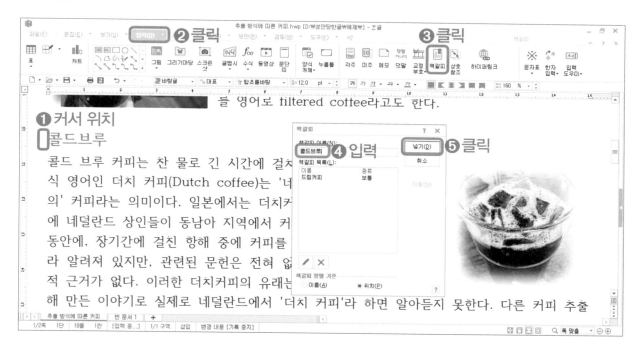

④ 책갈피가 완성되면 [입력] 탭의 [책갈피 📑]를 선택하여 다음과 같이 [책갈피] 대화 상자에서 '추출커피'를 선택하고 [이동]을 클릭하면 책갈피로 지정했던 '추출커피' 위치로 커서가 이동합니다.

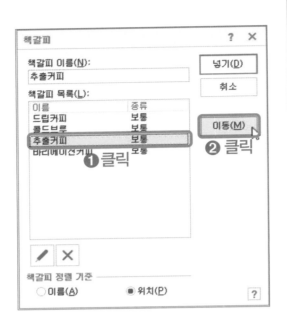

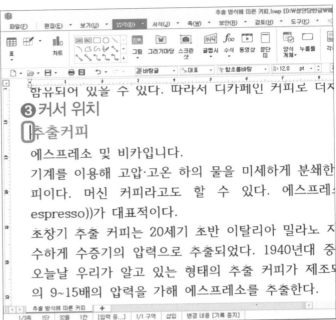

⑤ 책갈피로 이동하는 하이퍼링크를 연결하기 위해 소제목인 '드립'을 블록 지정한 다음 [입력] 탭의 [하이퍼링크 🌐]를 클릭합니다.

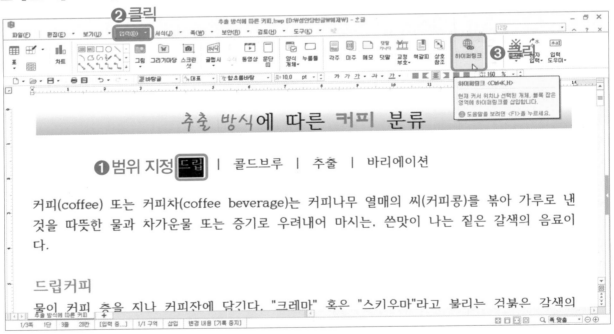

6 [하이퍼링크] 대화상자의 연결 대상에서 '문서의 처음'을 선택한 다음 [넣기] 단추를 클릭합니다.

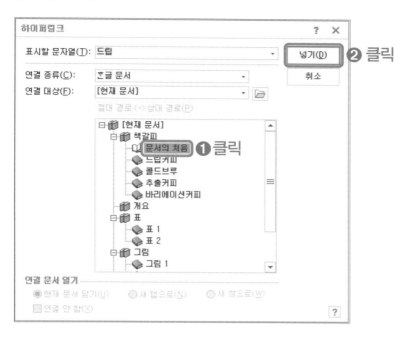

7 하이퍼링크가 연결되면 블록을 지정한 텍스트 부분은 파란색 밑줄이 생깁니다. 같은 방법으로 나머지 소제목에도 하이퍼링크를 지정합니다.

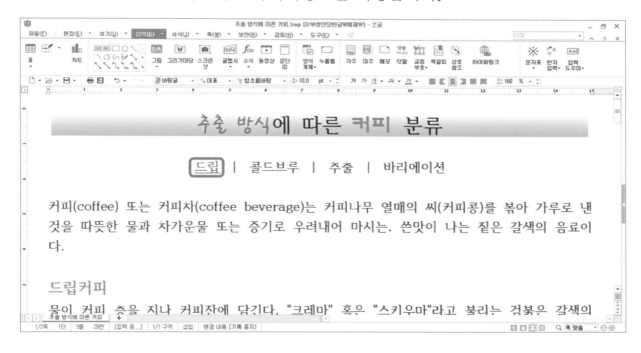

8 제목 아래 사이트 주소(https://ko.wikipedia.org)를 드래그하여 범위 지정하고 [입력] 탭의 [하이퍼링크 🌐]를 선택합니다.

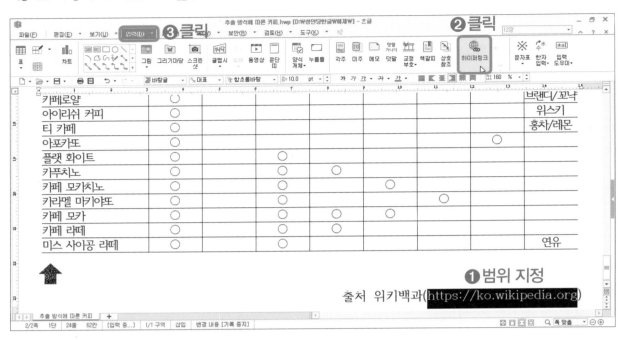

9 [하이퍼링크] 대화상자에서 '연결 종류 : 웹 주소'로 지정하고 [연결 대상]에 [표시할 문자열]에 있는 웹 페이지 주소(https://ko.wikipedia.org)를 복사하여 붙여넣기 하거나 입력합니다. '연결 문서 열기 : 새 창으로'로 선택하고 [넣기] 단추를 클릭합니다.

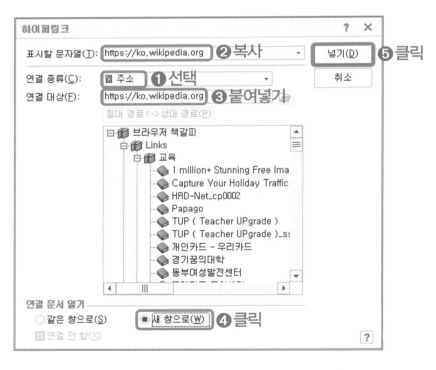

⑩ 사이트 주소를 클릭하면 연결된 웹 페이지 화면이 새로운 브라우저 창에 나타납니다.

⑪ 열려있는 브라우저는 닫기(✕)로 나간 후 문서의 마지막에 있는 ⬆️이미지를 클릭하고 [입력] 탭의 [하이퍼링크 🌐]를 클릭합니다. [하이퍼링크] 대화상자의 연결 대상에서 책갈피 아래의 '문서의 처음'을 선택한 다음 [넣기] 단추를 클릭합니다.

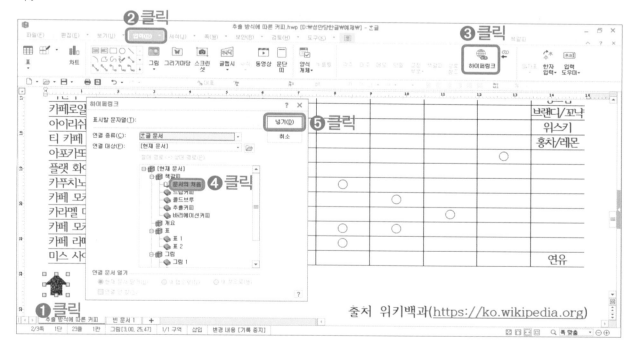

⑫ 이미지에는 하이퍼링크가 연결되면 텍스트처럼 밑줄이 생기지 않습니다. 도형을 오른쪽 정렬하고 복사하여 붙여넣기 합니다. 화살표를 클릭하면 마우스가 손가락 모양(🖐)으로 바뀌면서 문서의 처음으로 이동합니다.

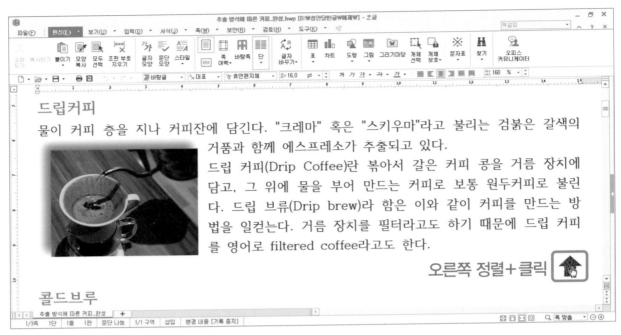

◎ 예제 파일 : 진달래꽃.hwp   ● 완성 파일 : 진달래꽃_완성.hwp

1 다음과 같이 완성해 봅니다.

– 제목 : 글꼴 '휴먼아미체', 크기 '30', 글자색 '진달래색', 진하게
– '저자: 김소월' 문단정렬 '오른쪽'
– 그림1 : '진달래.jpg', '어울림'으로 배치, 자르기, 그림효과 '옅은 테두리 5pt'로 지정
– 그림2 : '진달래꽃.jpg', '글 뒤로' 배치, 색조 조정 '워터마크'

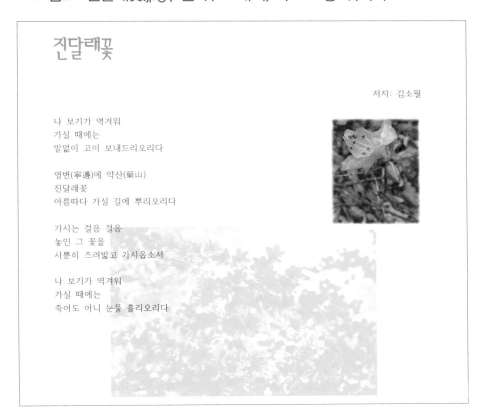

◎ 동영상 파일 : 미얀마.mp4   ● 완성 파일 : 미얀마_완성.hwp

2 다음과 같이 동영상을 삽입하고 [개체속성]에서 '글자처럼 취급'으로 지정해 봅니다.

3 다음과 같이 완성해 봅니다.

- 제목 : 글꼴 '양재이니셜체', 크기 '40', 글자색 '루비색', 문단정렬 '오른쪽'
- 그림 : '할미꽃.jpg', 오른쪽 여백 '5mm', 선색 '노른자색', 선 굵기 '1mm', 그림효과 '반사1/2 크기, 8pt', 자르기
- 머리글 삽입 : '식물계'
- 각주 : 본문 할미꽃에 지정 '미나리아재비과에 속하는 쌍떡잎 식물로 여러해살이 풀이다.'
- 쪽번호 : '갑,을,병'으로 지정

식물계

계: 식물계
목: 미나리아재비목
종: 할미꽃 (Pulsatilla koreana)
영문: Korean pasque-flower

속씨식물이며 진정쌍떡잎식물군인 할미꽃[1]은 굵은 뿌리의 머리에서 잎이 나와 비스듬하게 퍼지고 높이는 약 30에서 40센티미터 정도로 자란다. 일반적으로 4월에서 5월에 꽃이 피며 잎은 3에서 4센티미터 이다. 열매는 6월에서 7월에 열리는데 메밀, 해바라기와 같은 수과형 태이다. 전체적으로 흰털이 밀생하여 흰줄기로 보이지만 원래의 표면 은 일반 식물들과 같이 녹색이다. 열매가 흰털로 덮여 할머니의 하얀 머리카락 같아 보인다고해서 할미꽃으로 불린다. 예로부터 한의학에 서는 해열 및 소염 그리고 살균작용의 약효가 있다고 하며 민간에서 는 신경통 등에 사용했다. 제주도를 제외한 전국에서 자생하며 유사 종으로는 북한지역에서 자생하는 분홍할미꽃(P. dahurica Spreng.)이 있고 제주도에서 자생 하는 가는잎할미꽃(P. cernua Speng) 그리고 7월에 암적자색으로 개화하는 함북지방의 산할 미꽃(P. nivalis)을 들 수 있다.

---

1) 미나리아재비과에 속하는 쌍떡잎 식물로 여러해살이 풀이다.

- 갑 -

09장

한글학당 이수현황 표 만들기

문자나 숫자로 된 자료를 일목요연하게 가로와 세로로 구성되는 표 안에 넣어 문서를 작성하면 자료에 대한 전달력이 높아집니다. 표를 만들고 자료를 입력하는 방법에 대해 알아보고 한글 워드프로세서에서 제공하는 계산 기능을 이용해서 합계를 구해봅니다. 또한 사용자는 표를 문서 내에 적절하게 배치할 수 있습니다.

완성파일 미·리·보·기

무료 동영상

한글학당 한국어과정 이수 현황

년도	한국학과정	교원자격증2급	다문화과정2급	비고
2020	5527	1321	531	
2019	4321	980	420	
2018	3120	480	320	
2017	2780	360	250	

외국인 근로자 현황

2018년

행정구역	합계	동북아시아	동남아시아	서남아시아	중앙아시아	아시아(기타)	미국	캐나다	유럽	오세아니아	중남미	아프리카
서울특별시	80,567	70,070	3,345	1,232	759	71	2,323	564	1,561	201	155	286
부산광역시	14,779	2,260	8,498	1,898	1,004	10	586	149	210	27	14	123
대구광역시	9,718	1,356	4,889	1,757								
인천광역시	25,539	8,644	10,562	3,015								
광주광역시	7,515	1,267	3,112	856								
대전광역시	2,903	1,127	590	371								
울산광역시	8,818	3,103	3,570	1,313								
세종특별자치시	2,013	535	863	277								
경기도	205,140	86,660	73,427	27,016								
강원도	6,553	1,093	3,411	1,308								
충청북도	20,263	4,546	8,136	4,398								
충청남도	35,275	8,480	15,575	5,865								
전라북도	10,863	1,547	5,458	2,712								
전라남도	17,737	2,299	9,720	4,293								
경상북도	26,675	2,821	15,616	5,022								
경상남도	43,665	4,739	25,095	7,667								
제주특별자치도	10,040	3,758	4,055	1,540								
합계	528,063	204,305	195,922	70,540								

셀의 높이와 너비 조정

셀 높이를 같게			셀 너비를 같게		
성명	성별	지역	성명	성별	지역
홍길순	여	서울	홍길순	여	서울
홍길동	남	경기	홍길동	남	경기
이소라	여	서울	이소라	여	서울
김말자	여	부산	김말자	여	부산

표 뒤집기

원본			줄칸(뒤집기)		
1	2	3	1	4	7
4	5	6	2	5	8
7	8	9	3	6	9

실습 1 표 만들기

● 완성 파일 : 한글학당 이수현황_완성

❶ [입력] 탭–[표 ⊞] 메뉴를 클릭하고 [표 만들기] 대화상자에서 '줄 수 : 5', '칸 수 : 5'를 설정한 후 '글자처럼 취급'에 체크하고 [만들기] 단추를 클릭합니다.

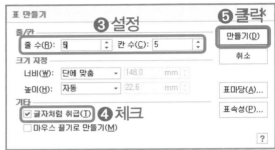

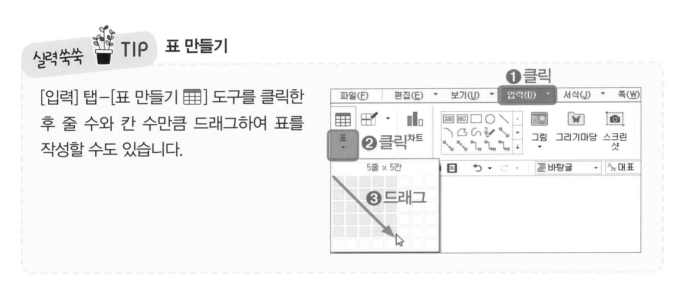

실력쑥쑥 TIP 표 만들기

[입력] 탭–[표 만들기 ⊞] 도구를 클릭한 후 줄 수와 칸 수만큼 드래그하여 표를 작성할 수도 있습니다.

❷ 셀에 커서를 위치시키고 [표] 탭의 [캡션 ▭]–[위]를 클릭한 후 입력되어 있는 '표1'은 삭제하고 '한글학당 한국어과정 이수 현황'을 입력합니다.

❸ 다음과 같이 표에 내용을 입력합니다.

한글학당 한국어과정 이수 현황				
년도	한국학과정	교원자격증2급	다문화과정2급	합계
2020	5527	1321	531	
2019	4321	980	420	
	3120	480	320	
	2780	360	250	

실력쑥쑥 **TIP** 문자열을 표로 지정하기

❶ 표로 만들 범위를 지정하고 [입력] 탭에서 [문자열을 표로 ▦] 도구를 클릭합니다.

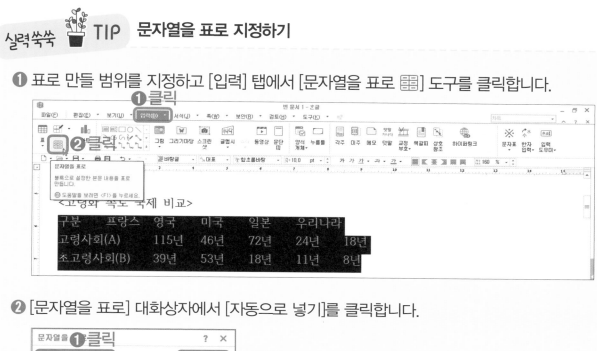

❷ [문자열을 표로] 대화상자에서 [자동으로 넣기]를 클릭합니다.

❸ 다음과 같이 표로 만들어 집니다.

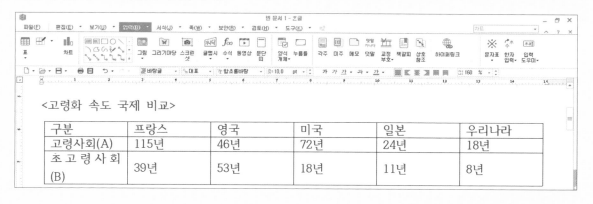

❶ '년도' 아래를 아래와 같이 범위 지정하고 마우스 오른쪽 버튼을 클릭하여 [채우기]–[표 자동 채우기]를 선택한 후 [서식] 도구모음에서 '가운데 정렬 틀'을 지정합니다.

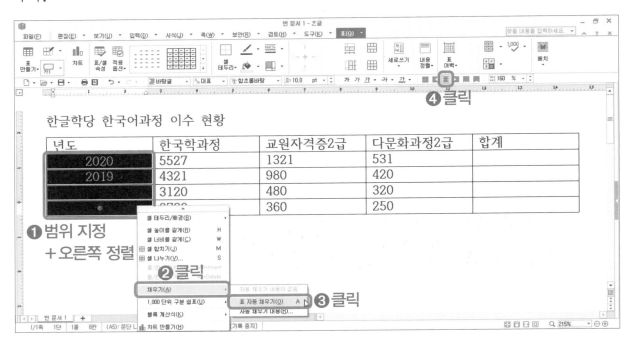

❷ 아래와 같이 범위를 지정한 후 마우스 오른쪽 버튼을 클릭하여 [블록 계산식]–[블록 합계]를 선택합니다.

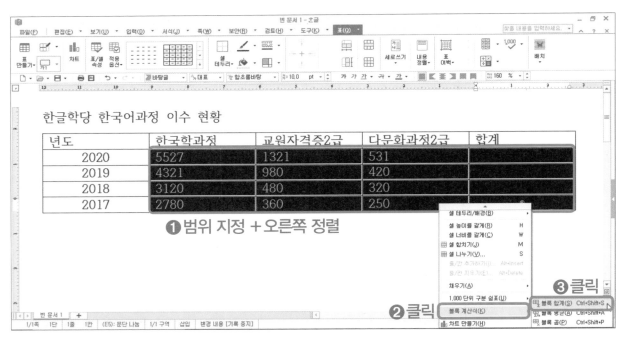

표 메뉴/단축키/도구

기능	메뉴	단축키	도구
표 만들기	[입력]-[표]	Ctrl + N , T	⊞
셀 합치기	[표]-[셀 합치기]	범위 지정 후 M	⊟
셀 나누기	[표]-[셀 나누기]	범위 지정 후 S	⊞
선 모양	[표]-[셀 테두리]	범위 지정 후 L	⬚
셀 배경색	[표]-[셀 배경 색]	범위 지정 후 C	🎨 ▾
블록 합계	[표]-[계산식]-[블록 합계]	Ctrl + Shift + S	➕✖➗＝ ▾
블록 평균	[표]-[계산식]-[블록 평균]	Ctrl + Shift + A	➕✖➗＝ ▾
캡션 달기	[표]-[캡션]	Ctrl + N , C	▭가1

③ [서식] 도구모음에서 문단 정렬을 '오른쪽 정렬 ≡'로 지정합니다.

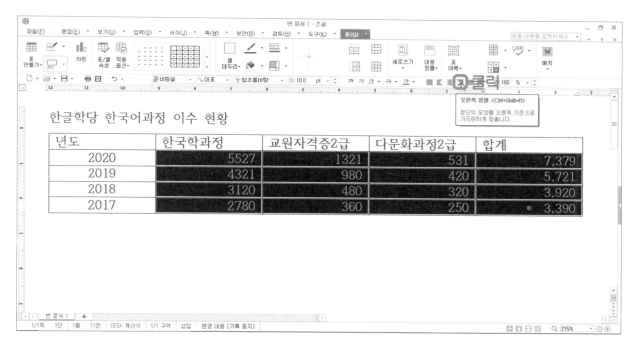

④ 마우스 오른쪽 버튼을 클릭하여 [1,000단위 구분 쉼표]-[자릿점 넣기]를 선택합니다.

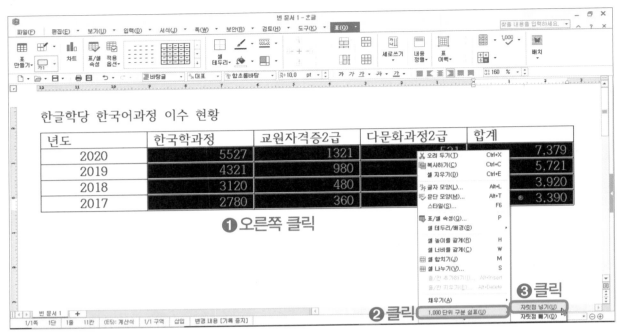

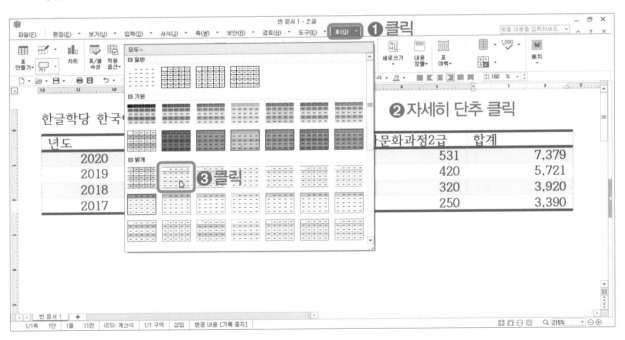

실습3 표 스타일 지정하기

① [표 ▦] 탭-[표마당]의 자세히(▼) 단추를 클릭하여 [표마당 목록]에서 '밝은 스타일 1 - 파란 색조'를 선택합니다.

❷ 첫 셀에 커서를 두고 `F5` 키를 한 번 누르면 셀이 선택되고, 한 번 더 누르고 셀 안에 빨간 원이 생길 때 키보드의 `End` 키를 누르면 1행이 선택됩니다. [서식] 도구모음에서 '가운데 정렬 틀'을 선택합니다.

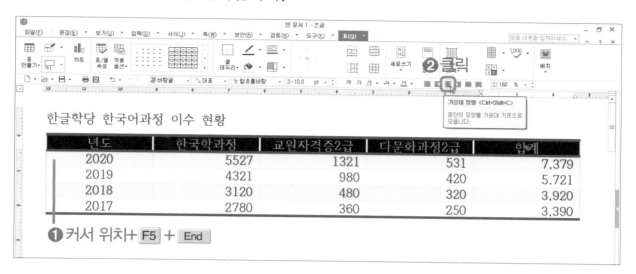

❸ 1행이 범위 지정된 상태에서 `F5` 키를 한 번 더 누르면 표 안의 셀이 모두 선택됩니다. `Ctrl` 키를 누르면서 `↓` 키를 두 번 누르고 `←` 키를 세 번 눌러 표의 크기를 조절합니다.

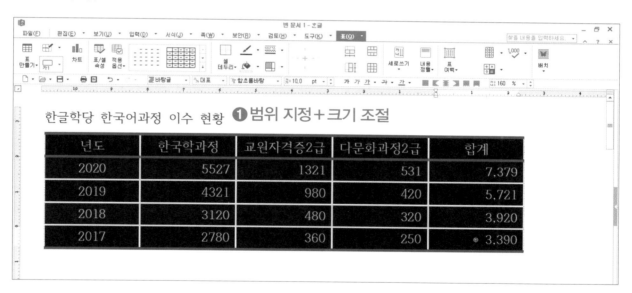

실력쑥쑥 🌱 TIP **표 범위 지정**

❶ 한 셀 지정 : 해당 셀을 클릭한 후 `F5` 키를 누름
❷ 두 셀 이상 범위 지정 : 해당 범위만큼 마우스로 드래그
❸ 표 전체 범위 지정 : 해당 범위만큼 마우스로 드래그하거나 `F5` 키를 세 번 누름

④ 1행의 마지막 열에 커서를 위치시키고 [표] 탭의 [칸 지우기 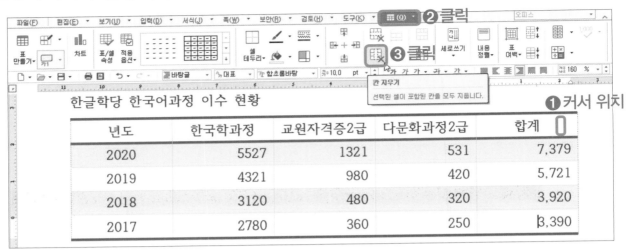]를 클릭합니다.

⑤ 행의 마지막 열에 커서를 위치시키고 [표] 탭의 [오른쪽에 칸 추가하기 ⊞]를 클릭합니다.

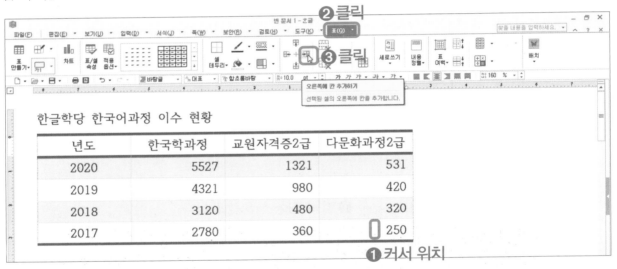

⑥ 새로 생긴 칸에 첫 번째 셀에 '비고'라고 입력하고 나머지 부분을 드래그한 후 [표] 탭의 [셀 합치기 ⊞]를 클릭합니다.

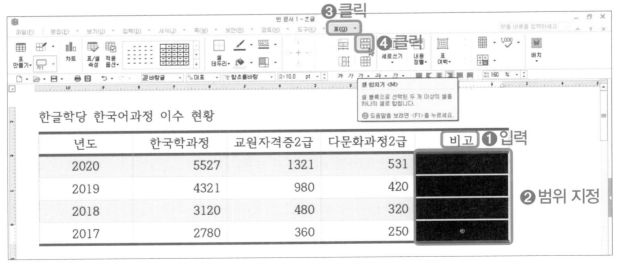

❼ [표] 탭의 [셀 테두리]를 클릭한 후 '대각선 아래'와 '대각선 위'을 각각 선택하여 지정합니다.

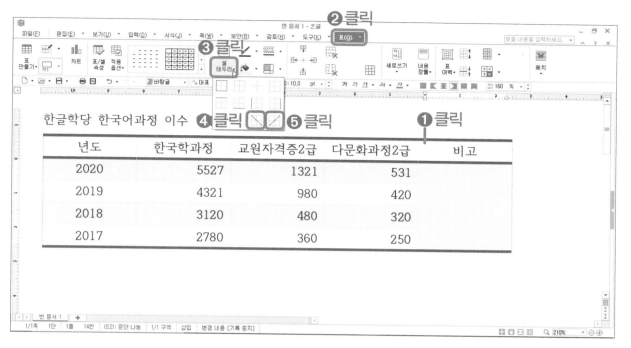

❽ 표를 정렬하기 위해 표 뒤에 커서를 위치시키고 [도구] 서식모음에서 '가운데 정렬틀'을 선택합니다.

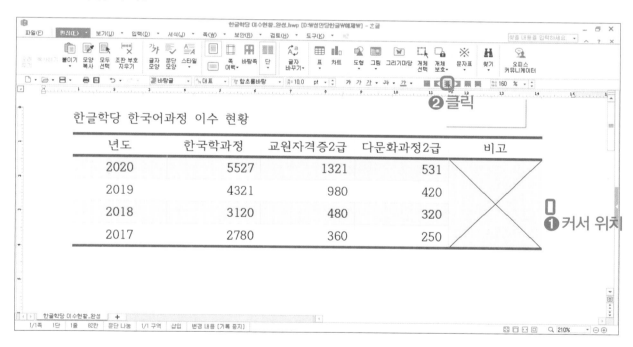

표 나누기와 붙이기

◎ 예제 파일 : 외국인 근로자 현황.hwp　　● 완성 파일 : 외국인 근로자 현황_완성.hwp

1 '세종특별자치시' 표와 '경기도' 표를 붙이기 위해 '세종특별자치시' 셀에 커서를 위치시키고 [표] 탭의 [표 붙이기 🗎¦]를 클릭합니다.

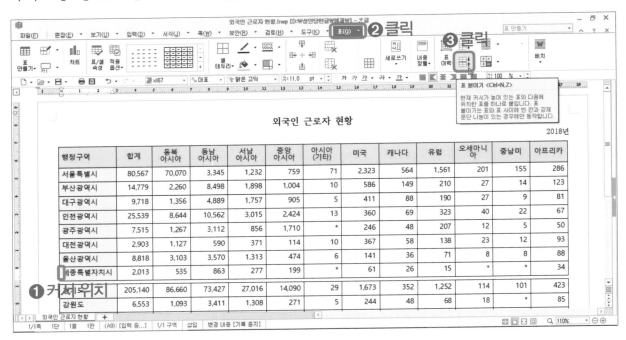

2 '제주특별자치도'와 '합계'를 [표 나누기]를 하기 위해 '합계' 셀에 커서를 위치시키고 [표] 탭의 [표 나누기 🗎¦]를 클릭합니다.

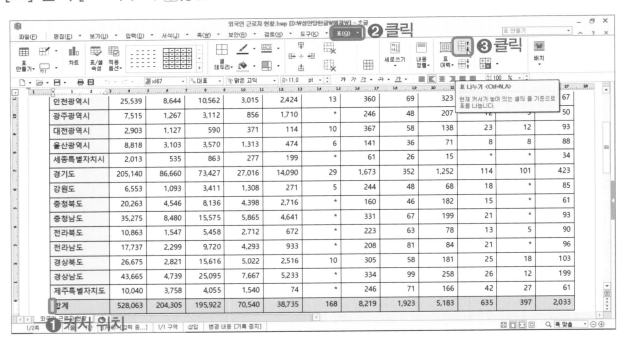

실습5 셀의 높이와 너비 조정하고 표 뒤집기

◎ 예제 파일 : 표 연습.hwp　　● 완성 파일 : 표 연습_완성.hwp

① 셀 높이를 같게 하기 위해 그림과 같이 표에 범위를 지정하고 [표] 탭의 [셀 높이를 같게 𝄞]를 클릭합니다.

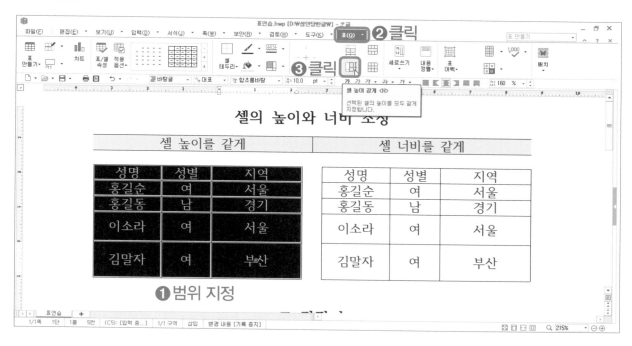

② 셀 너비를 같게 하기 위해 그림과 같이 표에 범위를 지정하고 [표] 탭의 [셀 너비를 같게 𝄞]를 클릭합니다.

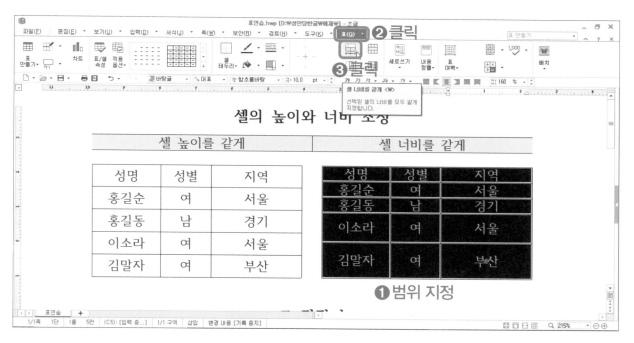

3 셀의 줄과 칸을 뒤집기 위해 그림과 같이 표의 테두리를 클릭하여 선택하고 [표] 탭의 [표 뒤집기]를 클릭합니다.

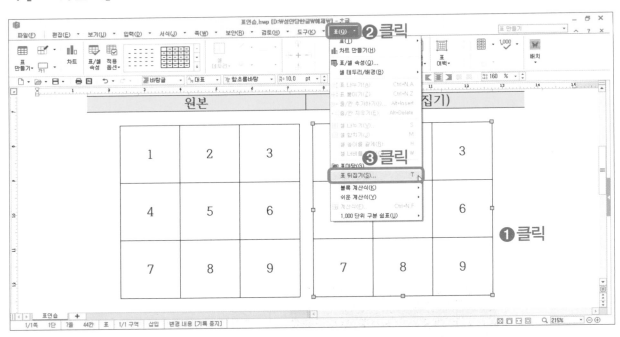

4 [표 뒤집기] 대화상자에서 '줄/칸 뒤집기(3)'을 선택한 후 [뒤집기] 단추를 클릭합니다.

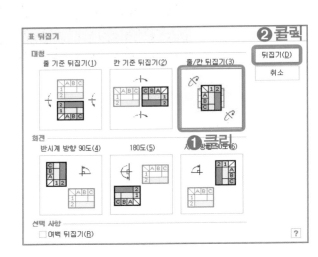

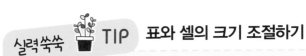 **실력쑥쑥 TIP 표와 셀의 크기 조절하기**

F5 키를 눌러 블록 설정하고 방향키로 크기를 조절할 수 있습니다.

- Shift + ↑ : 현재 선택되어있는 셀의 크기만 조절되고 표의 크기는 변하지 않습니다.
- Ctrl + ↑ : 현재 선택되어있는 셀의 위치한 행 전체의 크기가 조절되면서 표의 크기도 변합니다.
- Alt + ↑ : 현재 선택되어있는 셀의 위치한 행 전체의 크기가 조절되면서 표의 크기는 변하지 않습니다.

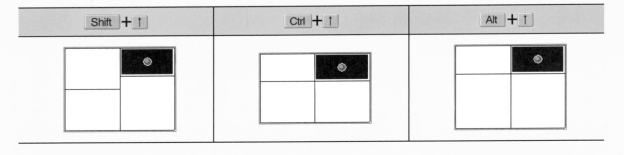

◉ 완성 파일 : 봉사확인신청서_완성.hwp

1 다음과 같이 표를 이용해서 문서를 만들어 봅니다.

교내·외 봉사 활동 평가 기준 해당자 확인 신청서

확인	담 당	학년주임	학생주임	교무주임	교 감	교 장

제 학년   반   번
성 명:_____

　　본인은 학업성적 관리규정 제 34 조에 정한 교내·외 봉사활동 평가 기준 해당자임을 덧붙임 증빙서를 갖추어 확인 요청하오니 심의 확인하여 주시기 바랍니다.

활동기관(부서)	직 책	활 동 시 기	활 동 기 간	활 동 내 용	비 고
		202 년 월 일부터 202 년 월 일까지			

※ 덧붙임 : 증빙서 각1부

202 년   월   일
본　　인 :　　　　　　㊞
담당교사 :　　　　　　㊞

고등학교장   귀하

◉ 완성 파일 : 호원동 메아리_완성.hwp

2 다음과 같은 표를 만들고 이미지를 삽입하여 서식을 지정해 봅니다.

– 이미지 : 호원.jpg, 행복특별시.jpg, QR코드.jpg

호 원 동   메 아 리

의정부시 도시브랜드

호원 벚꽃축제

04 2021 제100호

<호원동 메아리>는 매월 25일 발행되며 의정부시 홈페이지에서 제공되고 있습니다.

점유율 차트로 만들고 비교하기

숫자의 크기를 한눈에 비교하기 가장 좋은 방법 중 한 가지는 크기만큼의 차이를 그림으로 표현하는 것입니다. 표로 작성된 데이터는 언제나 차트(chart, 도표)로 변환해 문서에 포함시킬 수 있습니다. 문서에 포함된 차트는 데이터(data)를 편집할 수도 있으며 모양도 막대형, 원형, 분산형 외에 다양한 모양으로 변경이 가능합니다.

완성파일 미·리·보·기

무료 동영상

주요 국가 자국영화 점유율

[단위: %]

	2014	2015	2016	2017	2018
인도	91	85	85	93	89
미국	95	88	93	92	92
일본	58	55	63	54	54
중국	54	61	58	53	62
한국	50	52	53	51	50

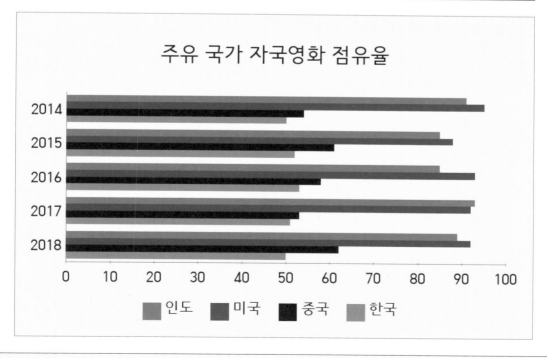

차트 만들고 데이터 입력하기

◎ 예제 파일 : 영화 점유율.hwp   ● 완성 파일 : 영화 점유율_완성.hwp

1 차트를 삽입하기 위해 셀을 블록 지정하고 [표] 탭의 [차트 ▮▮]를 선택합니다.

2 차트가 삽입되면 [차트 ▮▮] 탭에서 '글자처럼 취급'에 체크하면 표 아래로 차트의 위치가 변경됩니다. 차트의 데이터를 변경하려면 차트를 선택한 상태에서 [차트 ▮▮] 탭의 [데이터 범위 ▮▮]―[데이터 편집]을 선택합니다.

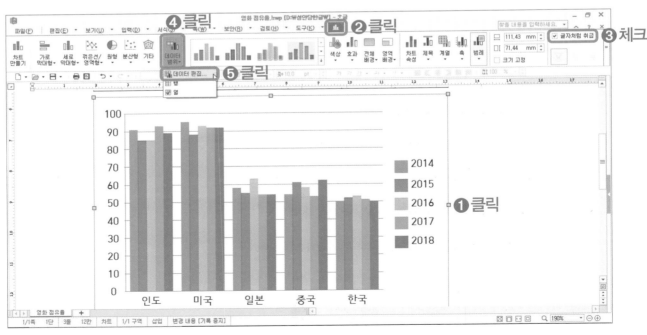

③ 일본 데이터를 삭제하기 위해 '일본'에 커서를 두고 [선택한 행 지우기 ▦]를 클릭한 후 [확인] 단추를 선택합니다.

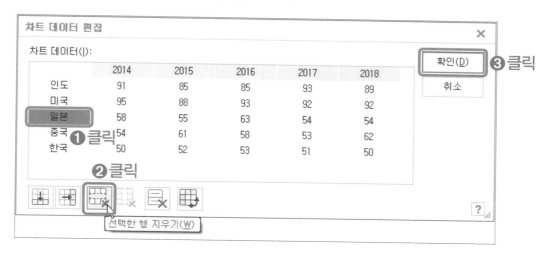

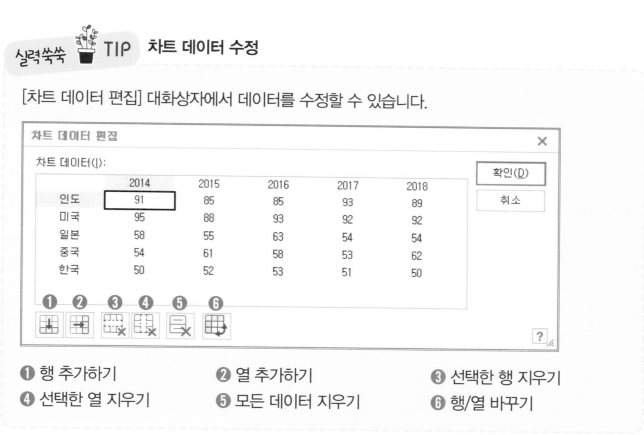

실력쑥쑥 🌱 TIP **차트 데이터 수정**

[차트 데이터 편집] 대화상자에서 데이터를 수정할 수 있습니다.

❶ 행 추가하기　　　　　❷ 열 추가하기　　　　　❸ 선택한 행 지우기
❹ 선택한 열 지우기　　　❺ 모든 데이터 지우기　　❻ 행/열 바꾸기

④ 행과 열의 계열 위치를 바꾸기 위해 [차트 ⬚] 탭의 [데이터 범위 ⬚]-[데이터 편집]-[행 ⬚]을 선택합니다.

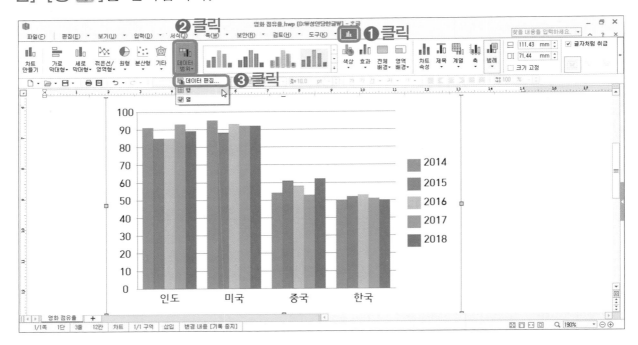

⑤ 차트의 모양을 바꾸기 위해 [차트] 탭에서 [가로 막대형 ⬚]을 클릭하고 '묶은 가로 막대형'을 선택합니다.

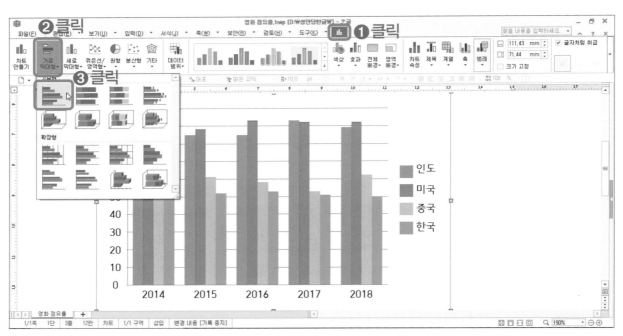

6 차트의 제목을 삽입하기 위해 [차트 📊] 탭에서 [제목 📊]을 클릭하고 '위쪽 표시'
를 선택합니다.

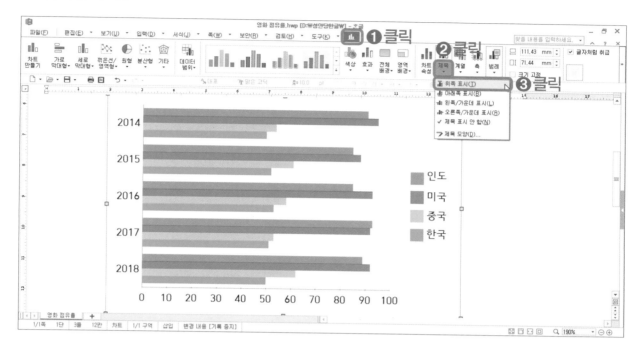

7 차트에 제목이 삽입되면 [차트] 탭에서 [제목 📊]을 클릭하고 '제목 모양 ✏'을 선
택합니다.

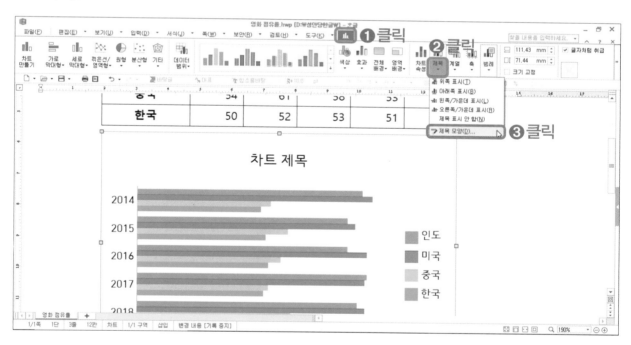

❽ [제목 모양] 대화상자의 [글자] 탭에서 '주요 국가 자국영화 점유율'을 입력하고 [설정] 단추를 클릭합니다.

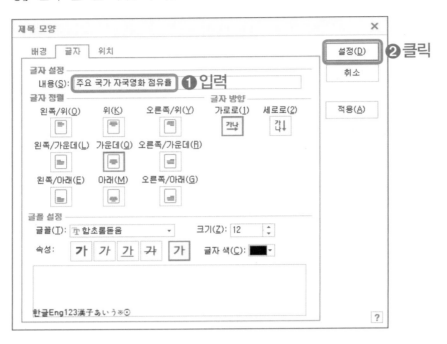

❾ 범례의 위치를 아래로 변경하기 위해 [차트] 탭에서 [범례 📊]–[아래쪽 표시]를 선택합니다.

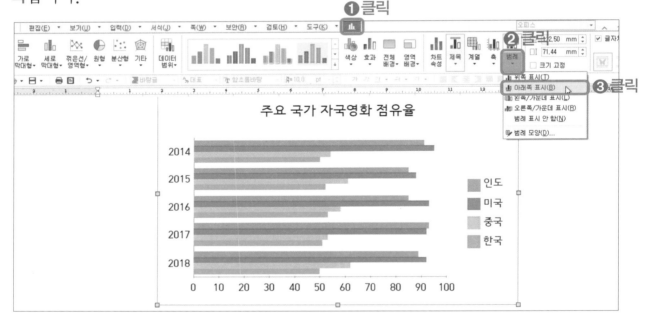

차트 스타일과 속성 지정하기

1 [차트 █] 탭의 스타일에서 '자세히(↓)'를 클릭하여 차트 스타일 목록이 나타나면 '파란색조, 기본 모양'을 선택합니다.

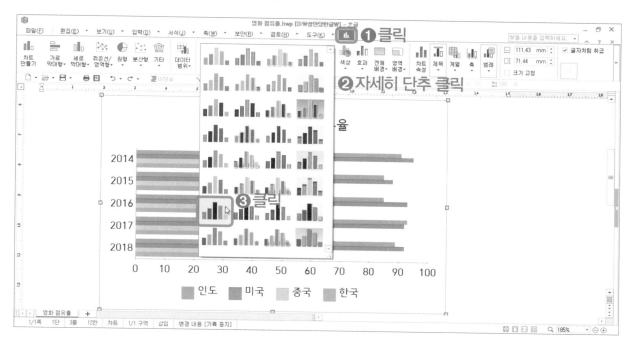

2 차트 전체에 배경 색을 지정하기 위해 [차트 █] 탭의 스타일에서 [전체 배경 ▭] 을 선택하고 전체 배경 목록에서 '배경 – 연노란색'을 선택합니다.

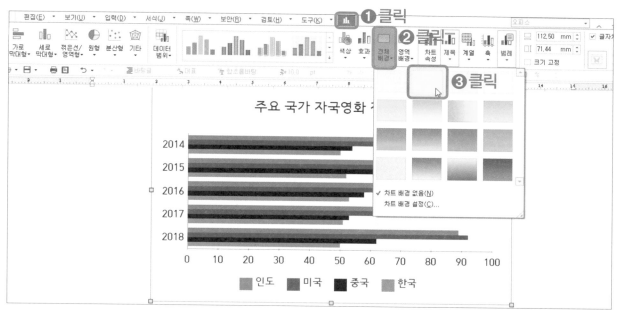

◎ 예제 파일 : 과학경진대회.hwp
◐ 완성 파일 : 과학경진대회_완성.hwp

1 다음과 같이 표를 이용하여 차트를 작성하세요.

　– 차트 종류 : '묶은 세로 막대형'

　– 스타일 : '파스텔톤, 수수깡 모양'

　– 차트제목 삽입 : 과학경진대회 참가현황

　– 범례 : 아래로

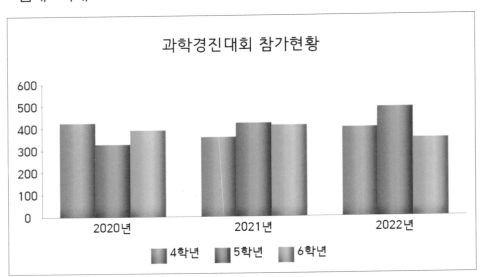

2 작성된 차트를 수정해 봅니다.

　– 차트 종류 : '묶은 가로 막대형'

　– 스타일 : '파스텔톤, 점선 테두리, 그림자, 연분홍색 배경'

　– 방향 설정 : '행'

　– 범례 : '위쪽'

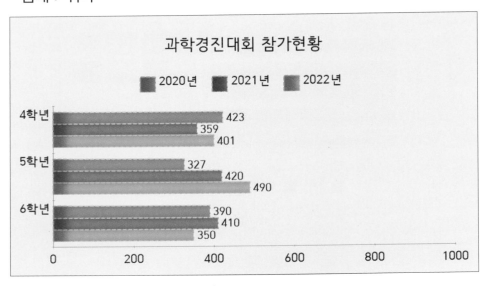

3 다음과 같이 표와 차트를 작성하세요.

– 차트 종류 : '원형'

– 스타일 : '파스텔톤, 흰색 테두리, 그림자 모양'

– 차트제목 삽입 : 2020년도 분기별 판매량, 테두리, 그림자

– 범례 : 아래로

2020년도 분기별 판매량

상품코드	1분기	2분기	3분기	4분기
WF-12345	4,322	7,500	1,900	10,850

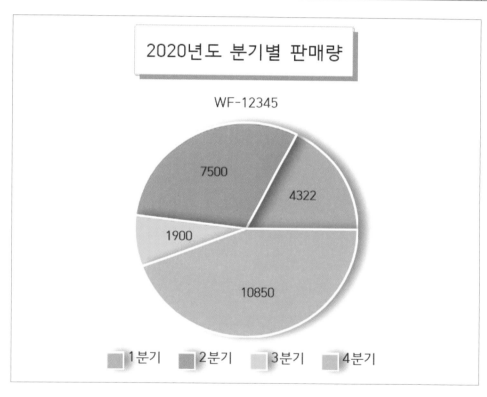

11 장

다단과 글상자로 신문 만들기

한 쪽의 문서 내에서 문단을 세로로 여러 개 배치하는 편집 방법을 다단이라고 합니다. 다단으로 문서를 작성하게 되면 글의 가독성을 좋게 하며 많은 양의 글을 한 쪽에 배치할 수 있습니다. 일반적으로 신문, 논문과 같은 양식에서 많이 사용하는 다단 편집에 글상자를 이용해서 별도의 문자 영역을 만들어 봅니다.

무료 동영상

완성파일 미리보기

일상생활과 업무의 필수 소프트웨어
'워드프로세서'

적으로 문서의 내용을 정리하며 그림 등을 문서 내에 넣고 편집할 수 있는 시기는 인류의 역사에 비춰보면 그리 오래되지 않았다. 본격적으로 물꼬를 튼 것은 마이크로소프트사의 운영체제 도스(DOS, Disk Operating System)의 출현에 서부터 시작된다고 볼 수 있다. 도스 당시에 혁신

최신의 한글 워드프로세서 기능
-. 한컴스페이스 연동 강화
온라인 스토리지에 파일을 자동으로 저장하고 모바일 장치나 다른 플랫폼에서 최신 파일을 열어볼 수 있음.
-. 개인형 환경 설정 지원
단축키, 스킨 등 환경 설정을 한컴스페이스에 잠시 저장했다가 필요할 때 언제든지 가져와서 간편하게 한컴오피스에 적용가능.
-. OCR로 그림에서 글자 추출

적인 운영체제라고 할 수 있다. 단지 운영체제가 들어 있는 디스크(Disk)를 컴퓨터에 넣고 켜기만 하면 사용자가 원하는 운영체제를 컴퓨터에서 실행시킬 수 있었기 때문이다. 현재 우리가 사용하는 컴퓨터의 최초의 모델인 것이다. 우리는 언제나 새로운 운영체제가 발표되고 출시되면 업그레이드(Upgrade)라는 형식으로 운영체제를 바꿀 수 있는 것이다.

도스 운영체제에서 당시에 사용할 수 있었던 대표적인 워드프로세서로는 사임당, 삼보컴퓨터의 보석글, 아래아한글, 하나워드 등이 있었고 마이크로소프트사의 윈도우운영체제용은 아리랑, 윈워드, 한글과 컴퓨터사의 한글, 마이크로소프트의 MS word, 삼성전자의 훈민정음, 오픈오피스를 들 수 있다. 이 당시의 마이크로소프트의 윈도우는 도스 운영체제가 실행된 이후 동작되

는 별도의 프로그램 형태로 되어있어 사실상 도스용 프로그램과 차이가 있다면 지금처럼 마우스를 쓸 수 있느냐 없느냐의 차이이기는 하지만 포인팅 디바이스인 마우스를 쓴다는 것은 사용자에게 많은 편리함을 제공하는 기능이었다. 그리고 문자입력방식의 운영체제에서 GUI(Graphic User Interface)방식으로 전환되는 격동기라고 할 수 있다.

최신의 한글 워드프로세서 기능
-. 한컴스페이스 연동 강화
온라인 스토리지에 파일을 자동으로 저장하고 모바일 장치나 다른 플랫폼에서 최신 파일을 열어볼 수 있음.
-. 개인형 환경 설정 지원
단축키, 스킨 등 환경 설정을 한컴스페이스에 잠시 저장했다가 필요할 때 언제든지 가져와서 간편하게 한컴오피스에 적용가능.
-. OCR로 그림에서 글자 추출 스캔하거나 다운로드한 이미지에 포함된 문자를 편집 창에 바로 입력할 수 있으며, 이 내용을 복사하여 다른 곳에 붙여 넣을 수 있음.
-. 스마트 태그 지원

이전의 우리 인류는 문서를 작성하기 위해서는 직접 종이와 같이 기록매체에 손으로 써서 문서를 만들고 잘못 기록하게 되면 처음부터 다시 쓸 수밖에 없었다. 만약 연필과 같은 것으로 쓴다면 지울 수도 있지만 사실 기록이란 것은 많은 경우가 오랜 기간 보존하기 위한 목적이 대부분이기 때문에 다량의 문서를 만들 경우 목판과 같은 도구를 이용해 책과 같은 문서를 생산해 낼 수 있지만 그 시간과 비용은 지금과는 비교하기 어려운 정도 이다.

워드프로세서(word processor)는 단어 또는 이야기를 의미하는 영문 워드(word)와 가공 처리용 기계를 의미하는 프로세서(processor)가 조합되어 '문서처리기'라는 의미로 1960년대 미국의 IBM사에서 처음으로 사용되었다. 이 당시의 워드프로세서는 현재의 우리가 사용하는 운영체제가 설치된 컴퓨터에서 실행되는 프로그램이 아닌 기계적인 장치로 만들어 진 것으로 자기장의 원리로 기록하는 마그네틱테이프에 저장하고 다시 불러올 수 있었다.

워드프로세서가 지금과 같이 글자의 모양과 크기를 바꾸고 표를 넣어 체계

스캔하거나 다운로드한 이미지에 포함된 문자를 편집 창에 바로 입력할 수 있으며, 이 내용을 복사하여 다른 곳에 붙여 넣을 수 있음.
-. 스마트 태그 지원
사용자가 선택한 항목이나 동작에 따라 필요한 메뉴 모음이 즉시 제공되므로 문서를 빠르게 편집하여 작업 시간 절약가능.
-. 속성 손실 없이 편집 프로그램 간 개체 복사/붙이기
선택한 개체를 한컴오피스의 다른 편집 프로그램에서도 같은 방식으로 편집할 수 있도록 개체 호환성 개선.
-. 주의 글꼴 알림 제공
한글과컴퓨터에 사용권이 없는 글꼴을 사용함으로써 사용권을 위반할 소지가 있는 글꼴에 대해 주의 표시와 경고 메시지를 제공.
-. 작업 창 분리 또는 고정
사용자의 편의에 따라 여러 개의 작업 창을 자유자재로 분리했다가 다시 고정가능.

페이스에 잠시 저장했다가 필요할 때 언제든지 가져와서 간편하게 한컴오피스에 적용가능.
-. OCR로 그림에서 글자 추출 스캔하거나 다운로드한 이미지에 포함된 문자를 편집 창에 바로 입력할 수 있으며, 이 내용을 복사하여 다른 곳에 붙여 넣을 수 있음.
-. 스마트 태그 지원

편집 용지와 다단 설정하기

◎ 예제 파일 : 소프트웨어 워드프로세서.hwp   ● 완성 파일 : 소프트웨어 워드프로세서_완성.hwp

1 F7 키를 눌러서 [편집 용지] 대화상자의 [기본] 탭에서 '용지 방향 : 세로', 용지 여백의 왼쪽·오른쪽은 '10mm', 위쪽·아래쪽·머리말·꼬리말은 '5mm'로 선택하고 [설정] 단추를 클릭합니다.

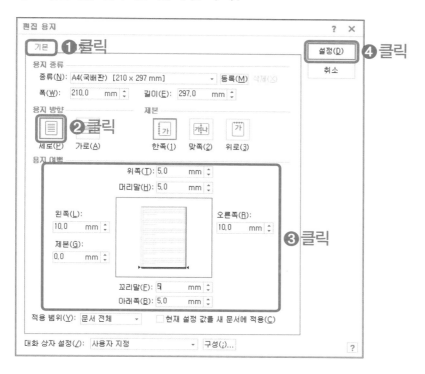

2 [쪽] 탭에서 [다단 설정 ▤]을 클릭하여 '셋 ▥'을 선택합니다.

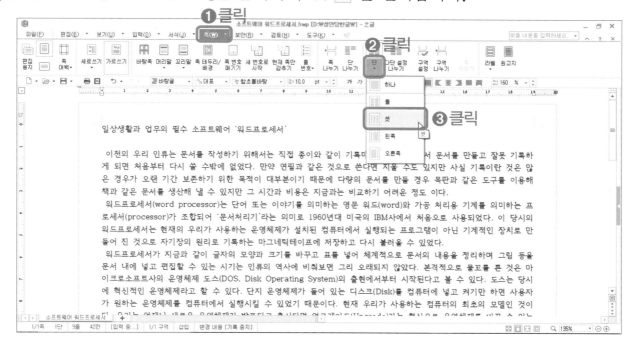

❸ [쪽] 탭의 [다단 설정 ▥]을 선택하고 [단 설정] 대화상자에서 '구분선 넣기'를 체크
하여 활성화한 후, 구분선의 종류를 '점선'으로 선택합니다.

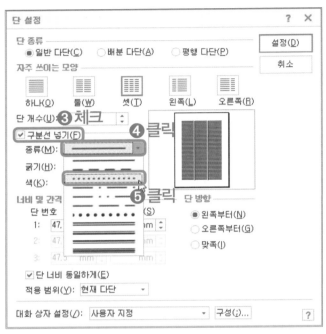

❹ [단 설정] 대화상자에서 구분선의 색을 '노른자색'을 선택하고 [설정] 단추를 클릭합
니다.

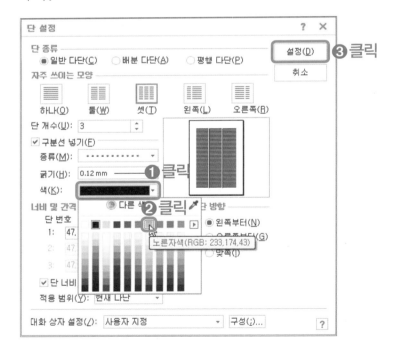

1 [입력] 탭의 개체에서 [가로 글상자 📋]를 선택하고 텍스트 상자를 드래그합니다.

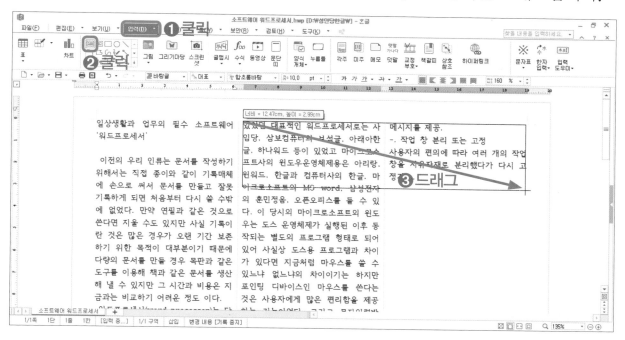

2 제목을 세 번 클릭하여 문단이 선택되면 드래그하여 글상자 안으로 이동시킵니다.

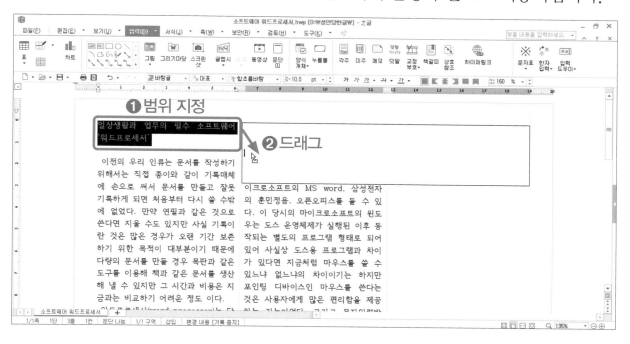

❸ 삽입된 글상자 개체에 내용을 입력하고 '글꼴 : 휴먼엑스포', '글자 크기 : 16pt', '글자 색 : 루비색', '가운데 정렬 틀'로 지정합니다.

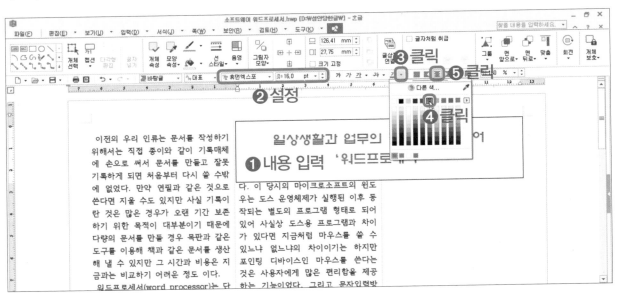

❹ [글상자]를 더블클릭하여 [개체 속성] 대화상자의 [기본] 탭에서 본문과의 배치를 '어울림 ▥'으로 선택한 후 [선] 탭에서 '선 종류 : 선 없음', [채우기] 탭에서 '채우기 : 채우기 없음'을 선택하고 [설정] 단추를 클릭합니다.

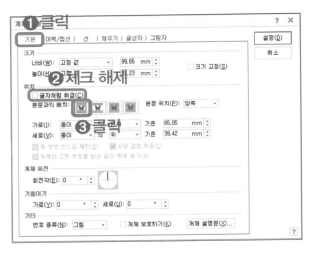
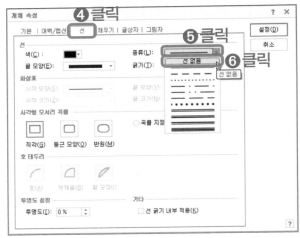

⑤ 마우스를 문서의 첫 번째 화면으로 이동한 후, [입력] 탭에서 [그림 🖼]을 선택하여 '문서의 포함'과 '글자처럼 취급'에 체크한 후 '문서.jpg'를 선택하고 [넣기] 단추를 클릭하여 삽입합니다.

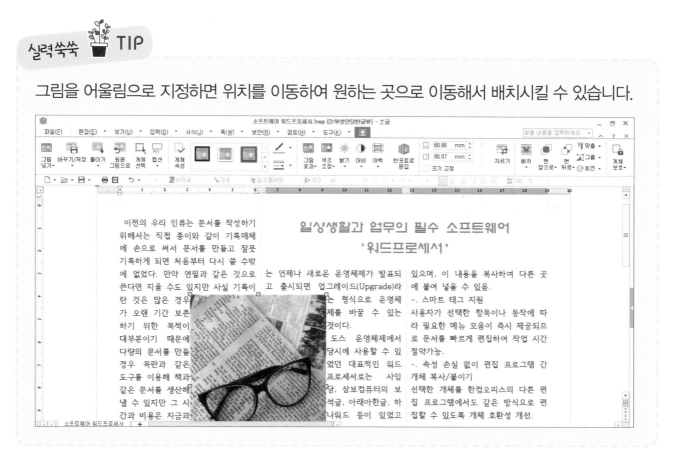

실력쑥쑥 **TIP**

그림을 어울림으로 지정하면 위치를 이동하여 원하는 곳으로 이동해서 배치시킬 수 있습니다.

❻ 그림이 삽입되면 [그림 🖼️] 탭의 [그림 효과 🖼️]–[반사]에서 '1/3크기, 4 pt' 반사를 선택합니다.

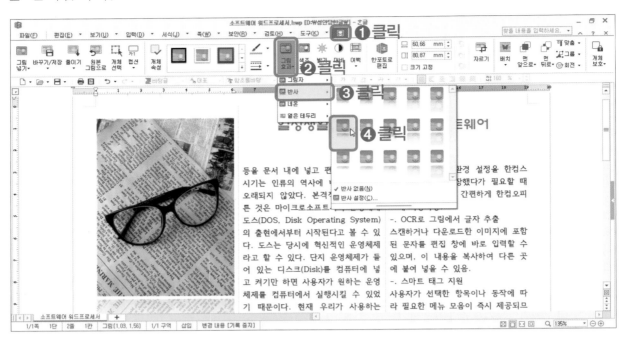

실습3 글상자 연결하기

❶ [입력] 탭의 개체에서 [가로 글상자 🔲]를 선택하여 두 개의 글 상자를 '어울림'으로 각각 본문에 드래그하여 그려넣기 합니다.

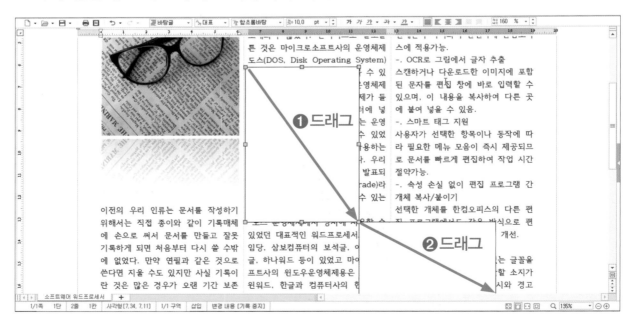

❷ 글 상자 두 개를 Shift 키를 이용해서 선택하고, [도형] 탭의 [채우기]에서 '연한 올리브색'으로 지정합니다.

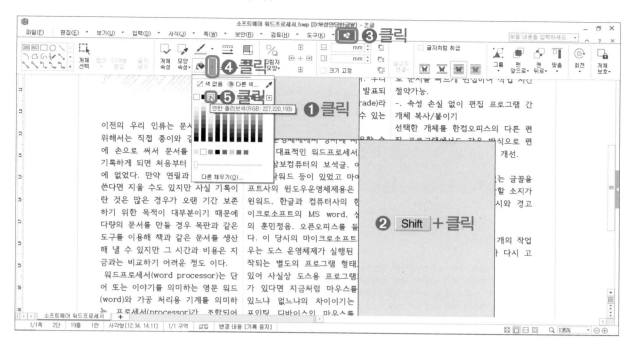

❸ [도형] 탭의 [개체 속성]을 선택한 후 [개체 속성] 대화상자의 [글상자] 탭에서 왼쪽·오른쪽·위쪽·아래쪽 여백을 '2'로 지정하고 [설정] 단추를 클릭합니다.

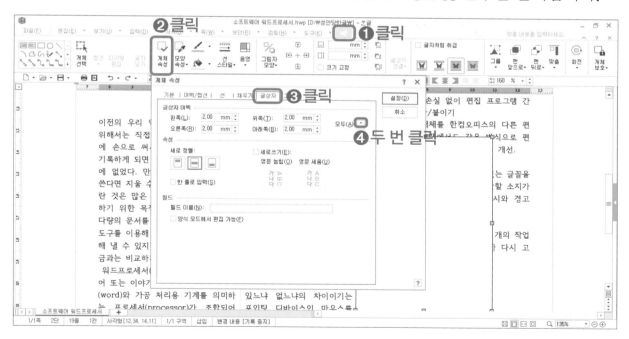

❹ 첫 번째 글상자를 선택하고 [도형 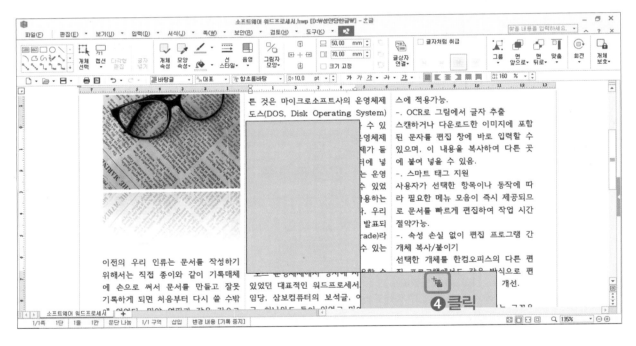] 탭의 '글 상자 연결(가)'을 클릭한 후 마우스 포인터가 글상자 연결(가)로 변경되면 두 번째 글상자를 선택합니다.

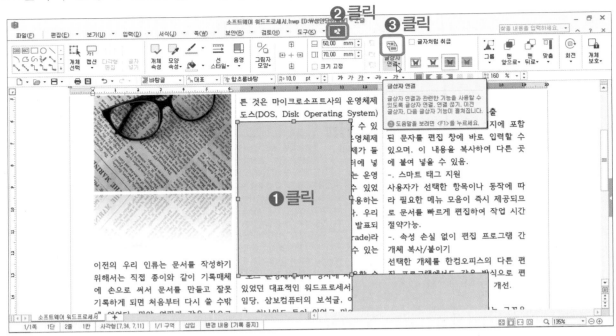

❺ 첫 번째 글상자에 내용을 채워넣기 합니다. 여기서는 본문 내용 중의 일부분을 복사해서 붙여넣기 했습니다.(첫 번째 글상자의 크기보다 많은 내용을 복사해야 합니다.)

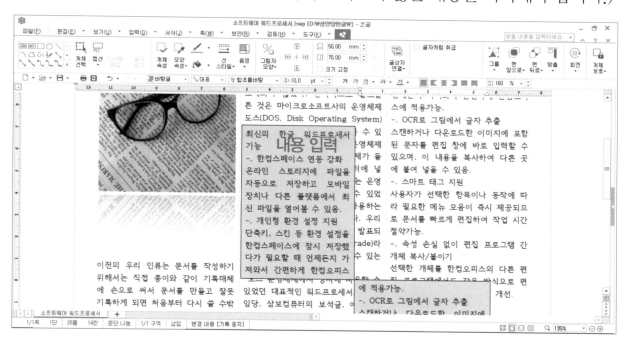

❻ Shift 키를 이용하여 두 도형을 선택하고 [도형 ▨] 탭의 [개체 속성 ▣]을 클릭합니다. [개체 속성] 대화상자의 [기본] 탭에서 본문과의 배치를 '어울림'으로 지정하고, [여백/캡션] 탭에서 바깥 여백을 모두 '2pt'로 선택합니다.

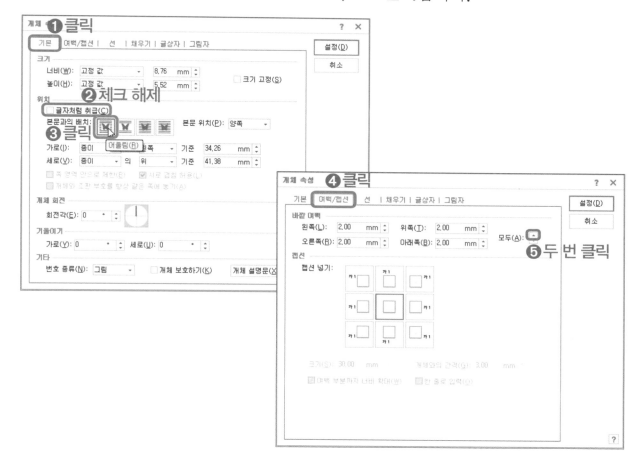

7 [선] 탭에서 선의 종류를 '선 없음', [글상자] 탭에서 세로 정렬을 '위'로 지정합니다.

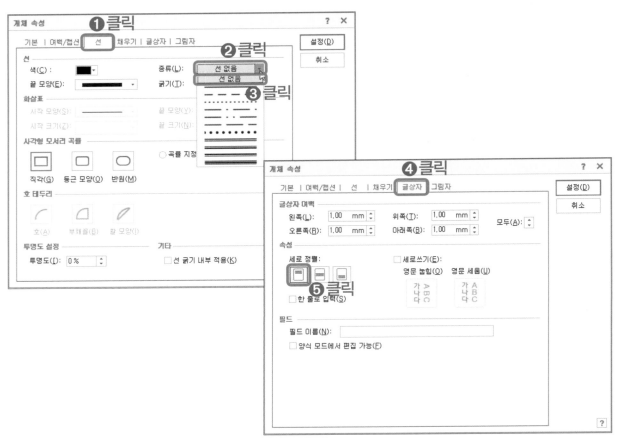

8 [서식] 도구모음에서 글자 크기는 '9pt'로 지정합니다.

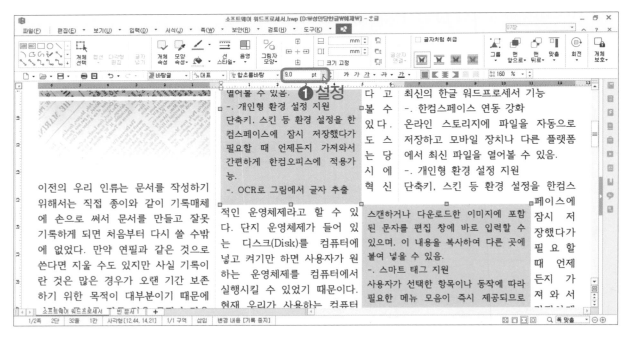

◎ 예제 파일 : 과일과 채소의 영양 성분.hwp
◎ 완성 파일 : 과일과 채소의 영양 성분_완성.hwp

1 다단 설정과 글상자를 이용하여 문서를 완성해 보세요.

과일과 채소의 영양 성분

과일과 채소는 비타민과 미네랄이 풍부할 뿐 아니라 고유하게 띄고 있는 색에 따라 다른 효능이 있다. 우선 감, 살구, 복숭아 등은 비타민 A가 풍부하며 감귤, 감, 키위는 비타민 C 가 상대적으로 많고 감귤류, 유럽자두, 아보카도는 미네랄 섭취에 도움을 준다. 과일과 채소는 색상별로 다른 효능을 갖고 있다.

1. 붉은색
붉은색을 띄고 있는 경우에는 항산화 성분인 라이코펜(lycopene)이 많이 들어 있어 심장병과 뇌졸중의 예방을 돕고 시력감퇴와 항암효과도 있는 것으로 알려져 있다. 주로 토마토와 수박, 당근, 파파야가 이에 해당한다. 그러나 붉은 열매인 딸기와 체리는 이 성분을 갖고 있지 않다.

2. 보라색
안토시아닌(anthocyanin)이 포함되는 경우 수소이온농도에 따라서 빨간색, 보라색 또는 파란색을 띄게 되는데 항산화물질인 플라보노이드가 포함된 식물의 수는 5,000여 가지가 넘는 것으로 알려져 있다. 플라보노이드의 알려진 효능으로는 혈관노화를 억제하고 일부 항암 효과가 알려져 있다.

3. 주황색
비타민 A의 전구체인 베타카로틴(β-carotene)은 카르티노이드(carotenoid)중의 하나로 이 성분을 포함하는 열매는 당근과 감, 살구, 호박 등이 대표적인데 노화 지연효과와 유해산소에 의한 암, 동맥경화증과 같은 성인병을 예방하는 것으로 알려져 있다. 베타카로틴은 지용성이라 생으로 먹을 경우 올리브유 등과

과일과 채소의 구분
우리가 과일이라고 칭하는 열매는 나무에서 수확할 수 있는 식용 열매를 말하는데 딸기, 수박, 참외와 같이 풀에서 수확하는 열매는 열매채소로 구분한다. 즉, 과일은 나무에서 그리고 풀에서 수확하는 열매는 채소로 구분한다. 그러나 문화적인 차이에 따라 채소로 분류되는 과일

함께 먹어야 흡수율이 높다.

4. 노란색
대표적인 열매로는 귤, 오렌지, 파인애플 등이 있는 노란색 열매는 헤스페라딘(hesperidin)이 포함되어 있는데 일반적으로 비타민P로 불리기도 한다. 이 비타민P 성분은 주로 귤의 껍질에 포함되어 있으며 고혈압을 예방하고 항산화와 항염효과가 있다고 알려져 있다.

5. 흰색
알리신(allicin)과 케르세틴(quercetin)을 많이 함유하고

인 토마토의 경우 유럽에서는 과일로 부르지만 미국에서는 채소로 분류되는데 이는 토마토에 채소 관세를 부과해 자국의 농업을 보호하기 위해서다.

있는 흰색의 대표적인 열매로는 마늘 그리고 무, 양파, 샐러리가 대표적으로 항염효과와 기관지 계통을 보호하는 것으로 알려져 있다. 마늘에 들어있는 알리신은 익히면 성분이 파괴된다.

◎ 예제 파일 : 탄생석.hwp
◉ 완성 파일 : 탄생석_완성.hwp

2 다단설정과 그리기마당의 '자연(탄생석)'을 이용하여 문서를 완성해 보세요.

탄생석

탄생석(誕生石, birthstone)은 1월부터 12월까지 자신이 태어난 달과 익히 알고 있는 보석을 연관 지어 해당하는 달의 보석을 휴대하고 다니면 행운을 가져다준다고 믿는 것이다.

1월

가넷(garnet, 석류석)은 진실과 우정을 의미하는 석류석은 일반적인 광물로 세계적으로 분포하고 있어 구하기는 쉬운 편이나 그 형태나 품질이 우수한 게 많지 않다.

2월

애머시스트(amethyst, 자수정)은 성실과 평화를 의미하는데 보라색을 띠고 있는 보석으로 귀족을 상징하기도 했다. 그 이유는 귀족들만 보라색 옷을 입을 수 있기 때문이었다.

3월

주 원산지가 마다가스카르, 브라질, 시베리아인 아쿠아마린(aquamarine, 남옥)과 피가 묻은 것 같은 붉은 반점이 있는 블러드스톤(bloodstone, 혈석)의 두 가지가 있으며 젊음과 행복을 의미한다.

4월

우리가 너무나도 잘 알고 있는 다이아몬드(diamond, 금강석)로 불멸과 사랑을 의미한다. 실제로 다이아몬드가 탄생하는 곳은 지하 130킬로미터 근처이다.

5월

에메랄드(emerald, 취옥)로 행복과 행운을 의미하며 크로뮴을 함유하고 있어 미취색을 갖는다. 세계적으로 가장 많이 채취되는 곳은 남아메리카 콜롬비아다.

6월

진주(pearl) 그리고 알렉산드라이트(alexandrite, 금록석), 문스톤(moonstone, 월장석)이 있다. 6월의 탄생석들은 순결과 부귀를 뜻한다.

7월

루비(ruby, 홍옥)로 사랑과 평화를 상징한다. 붉은색을 띠는 루비는 산화알루미늄에 크롬이 소량 포함되기 때문이다.

8월

페리도트(peridot, 감람석)은 부부의 행복과 지혜를 의미하는데 달이 있는 밤에 더욱 녹색을 띠기 때문에 밤의 공포에서 사람을 보호한다고 여긴다.

9월

푸른색을 띠는 사파이어(sapphire, 청옥)의 어원은 라틴어의 'Sapphirus'이며 의미는 푸른색으로 정직과 성실의 의미해 교회의 성직자들이 좋아했었다.

10월

오팔(opal, 단백석)과 투어말린(tourmaline, 전기석)의 두 가지 보석이 있으며 희망과 순결의 의미가 있다.

11월

토파즈(topaz, 황옥)로 건강과 희망을 상징하며 주로 페그마타이트에서 산출된다. 주 산지는 우랄과 나이지리아다.

12월

터콰이즈(turquoise, 터키옥)와 지르콘(zircon)으로 성공, 승리의 의미가 있고 터키옥의 경우 이란의 호라산 지방과 미국 뉴멕시코주 등이다.

메일머지로 초대장 만들기와 원고지 작성하기

12장

다수의 사람에게 일부의 내용만 다르고 나머지는 동일한 내용의 문서를 발송하는 경우에 편리하게 사용하는 기능이 '메일머지(mail merge)'입니다. 즉, 사용자는 주요한 내용이 있는 원본문서 하나와 수신자와 같은 변경되는 내용의 목록만 있으면 됩니다. 그리고 원고지는 문서의 공백을 포함하는 문자 수를 알 수 있습니다.

완성파일 미·리·보·기

무료 동영상

5기   이수혁동문님

한글고등학교 동문 여러분 안녕하십니까?

 다사다난했던 금년한해도 마무리하고 새로운 한해를 맞이하는 시기가 왔습니다.

 2025년도는 한글고등학교가 설립된 지 40주년이 되는 영광스런 해입니다. 사람의 나이 40이 되면 일어섰다는 의미의 30세 '이립'을 지나 이제는 세상사에 흔들리지 않는 '불혹'의 나이와 같습니다. 즉, '사람을 볼 줄 아는 식견과 지혜의 눈을 가져 흔들리지 않음'을 의미합니다.

 앞으로의 40년 그리고 그 후의 시간을 우리 동문들은 우리학교가 설립된 취지를 계승하고 발전시켜 사회에 필요로 하는 인재들을 양성할 뿐 아니라 우리사회가 나아가야할 방향성을 제시할 수 있는 사회지도자로 성장할 것입니다. 이와 같은 목표를 함께 만들어 가는 동문들이 항상 자랑스럽습니다.

 새로운 한해의 목표를 만들고 우리 동문들의 화합과 단결 그리고 새로운 도약을 위한 '12월 정기 총동문회'에 동
신임 회장 선임 및 현 회장의
우정과 화합을 돈독하게 하는

◆ 2025년

- 일   시 : 2025년 12
- 장   소 : 한글고등학
- 참가비 : 5만원

한글고등학교 총동문회장 홍길동

NO. 1

제		27	차		춘	계	학	회		후	기								
성	명	:		김		혜		성											
		수	십		년		사	용	해	온		우	리	글	과		말	이	
우	리	의		일	상	생	활	을		편	리	하	게		만	들	어		주
고		있	었	는	지		또	한		과	학	적	인		글	인	지		생
각	해		보	고		익	힐		수		있	었	던		소	중	한		시
간	들	이	었	다	.		그	리	고		우	리	나	라	로		이	주	해
한	국	사	회	에	서		살	아	가	는		대	한	민	국		국	적	을

20×10

◎ 예제 파일 : 동문회 안내문.hwp　○ 완성 파일 : 동문회 안내문_머지.hwp

1 예제 파일을 불러온 후 먼저 '기' 앞에 커서를 위치합니다. [도구] 탭에서 [메일 머지 ✉]-[메일 머지 표시 달기]를 선택합니다.

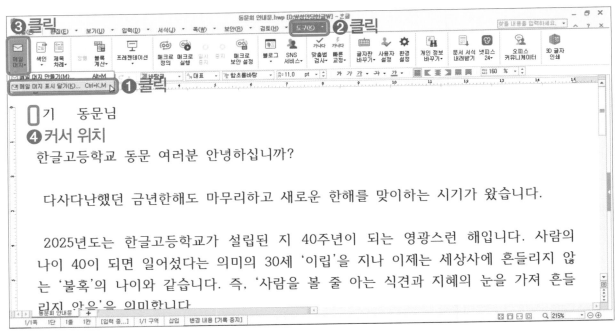

2 [메일 머지 표시 달기] 대화상자가 나타나면 [필드 만들기] 탭에 '1'을 입력하고 [넣기] 단추를 클릭합니다.

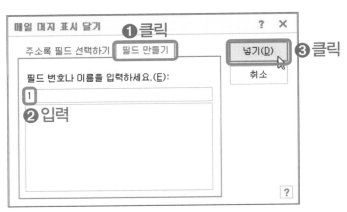

❸ '기' 앞에 메일 머지 표시인 '{{1}}'이 나타나면, '동문님' 앞으로 커서를 이동한 후 다시 [도구] 탭에서 [메일 머지 ✉]–[메일 머지 표시 달기]를 선택합니다.

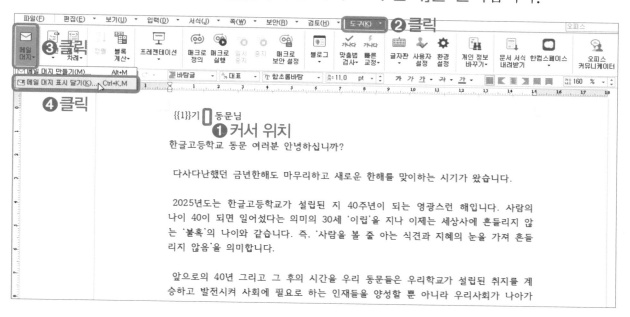

❹ [메일 머지 표시 달기] 대화상자에서 [필드 만들기] 탭에 '2'를 입력하고 [넣기] 단추를 클릭합니다.

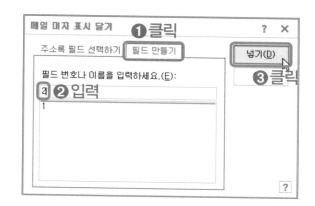

❺ 2개의 메일 머지 표시가 만들어 졌습니다.

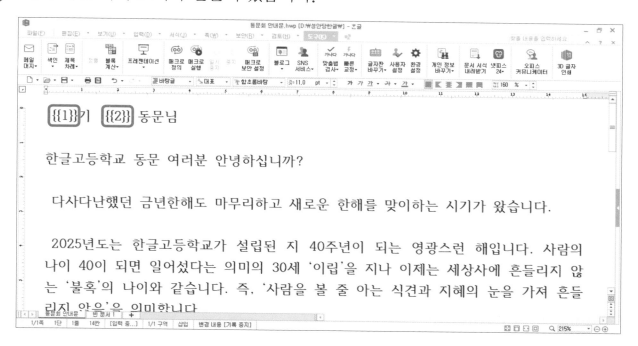

실습2 메일머지 명단 만들기

① 화면 하단의 문서 탭에서 [새 탭(+)]을 클릭하여 빈 문서를 만들고 메일 머지를 연결할 자료를 입력합니다. 첫 줄에는 **필드의 항목수 '2'를 입력**한 다음 Enter 키를 눌러 이동하면서 각각의 항목 내용을 입력합니다.

② 메일 머지를 연결할 자료 입력이 끝나면 [파일]-[저장하기 🗖] 메뉴에서 '명단.hwp'로 저장하고 문서를 닫습니다.

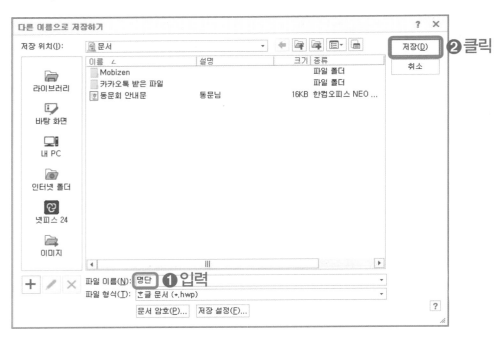

실습 3 메일머지 적용하기

1 '동문회 안내문.hwp' 문서에서 [도구] 탭-[메일 머지 ✉]-[메일 머지 만들기]를 선택합니다.

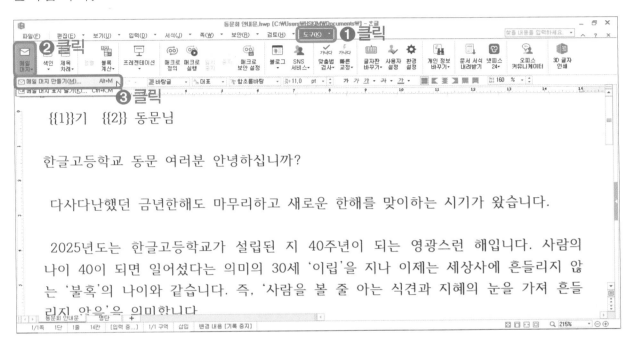

2 [메일 머지 만들기] 대화상자가 나타나면 '한글 파일'을 체크한 후 [파일 선택 📁]을 클릭합니다.

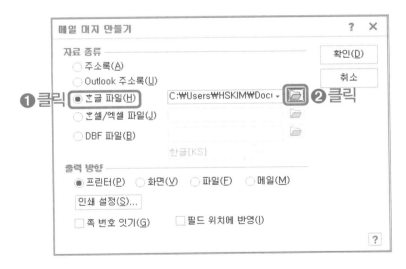

❸ 앞에서 저장했던 '명단.hwp'를 선택한 후 출력 방향에서 '화면'을 선택한 다음 [확인] 단추를 클릭합니다.

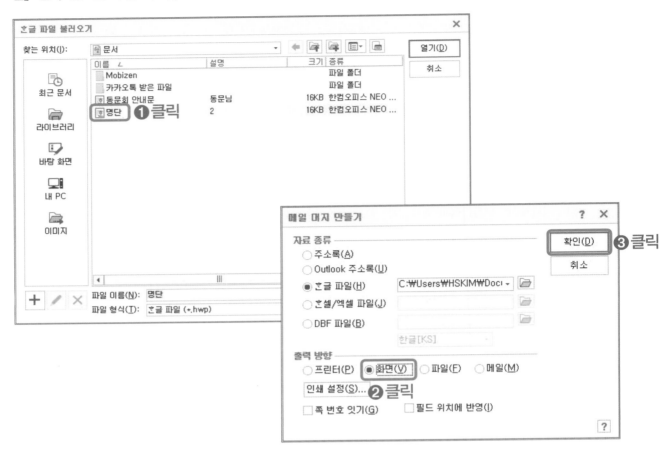

❹ [미리 보기] 탭에서 첫 번째 정보가 담긴 '메일머지' 화면을 볼 수 있습니다. '다음 쪽 □'을 클릭하여 다음 페이지의 정보도 확인합니다.

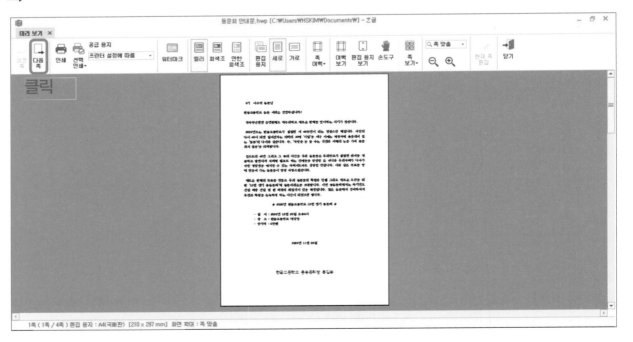

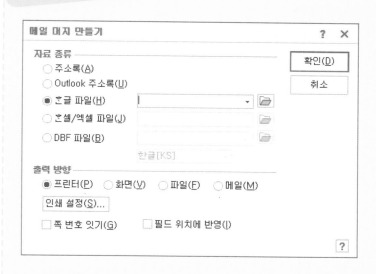

[자료 종류]

데이터 파일로는 한/글 파일과 이미 윈도우의 주소록에 등록해 놓은 자료, 구축해 놓은 dBASE Ⅲ Plus(*.dbf) 파일, 스프레드시트 프로그램인 한/셀 파일(*.cell), 넥셀 파일(*.nxl)이나 엑셀 파일(*.xls)을 이용할 수 있습니다.

- 주소록 : [주소록]을 선택하여 메일 머지를 만들면, 주소록의 레코드를 보여주는 [주소록 레코드 선택] 대화상자가 나타납니다. 여기에서 실제 자료로 쓸 데이터를 선택합니다.

- Outlook 주소록
  [Outlook 주소록]을 선택하여 메일 머지를 만들면, 주소록의 레코드를 보여 주는 [주소록 레코드 선택] 대화상자가 나타납니다. 여기에서 실제 자료로 쓸 데이터를 선택합니다.

- 한/글 파일 : 현재 문서 창을 제외한 열려 있는 모든 창의 파일 경로와 파일 이름을 목록으로 보여 줍니다. 이 중에서 데이터 파일로 사용할 문서를 고르거나, [파일 선택(1)] 아이콘을 눌러 [한/글 파일 불러오기] 대화상자가 나타나면 다른 곳에 저장해 놓은 한/글 파일(*.hwp)을 지정합니다.

- 한/셀/넥셀/엑셀 파일 : 한/셀 파일(*.cell), 넥셀 파일(*.nxl)이나 엑셀 파일(*.xls)로 데이터 파일을 만들어 놓은 경우 [파일 선택(2)] 아이콘을 눌러 [한/셀/엑셀 파일 불러오기] 대화상자가 나타나면 데이터 파일을 지정합니다.
  한/셀 파일을 데이터 파일로 사용할 경우 한/셀 2010 이하 버전에서 작성한 파일을 사용해야 합니다. 이후 패치를 통해 2014 한/셀에서 작성한 데이터 파일도 추가로 지원할 예정입니다.

- DBF 파일 : 사용자가 주소록이나 전화번호부와 같은 자료를 관리하기 위하여 데이터베이스용 자료 파일(*.dbf)을 가지고 있을 때, [파일 선택(3)] 아이콘을 눌러 [DBF 파일 불러오기] 대화상자가 나타나면 DBF 파일을 지정합니다.

5 [미리보기] 탭의 [확대 🔍]를 클릭하거나 현재 보이는 화면을 클릭하면 확대되어 보입니다.

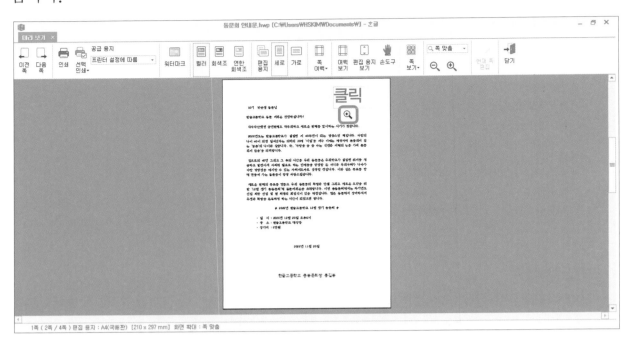

6 [미리보기] 탭의 [축소 🔍]를 클릭하여 축소한 후 [닫기] 단추를 클릭합니다.

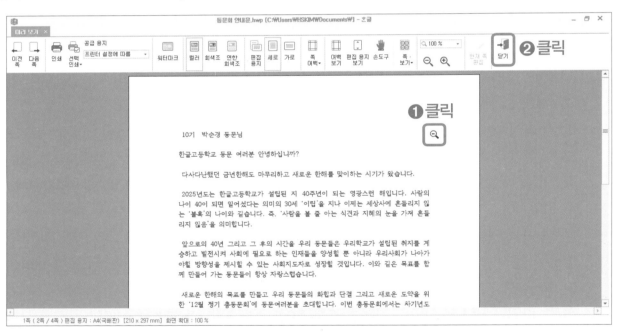

실습4 후기문을 원고지에 쓰기

◎ 예제 파일 : 후기문.hwp　　● 완성 파일 : 후기문_완성.hwp

1 원고지 형식을 지정하기 위해 [쪽] 탭-[원고지 ▦]를 선택합니다.

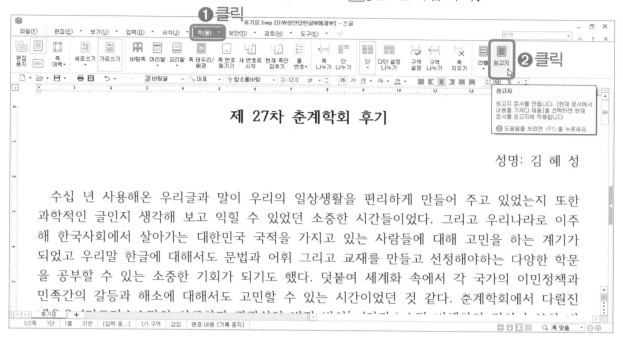

2 [원고지] 대화상자가 나타나면 원고지 목록에서 '200자 원고지(A4용지)-검정'을 선택하고, '현재 문서에서 내용을 가져다 채움'에 체크한 후 [열기] 단추를 클릭합니다.

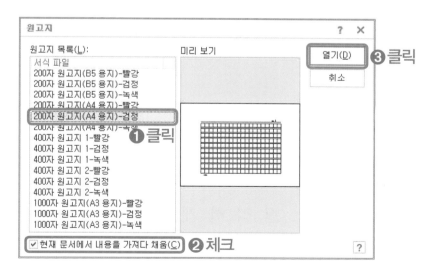

③ '제 27차 춘계학과 후기' 문단에 커서를 위치시키고 서식 도구모음에서 '가운데 정렬 ▤'을 클릭합니다. 같은 방법으로 '성명: 김 혜 성'이 있는 문단도 '오른쪽 정렬 ▤'로 정렬합니다.

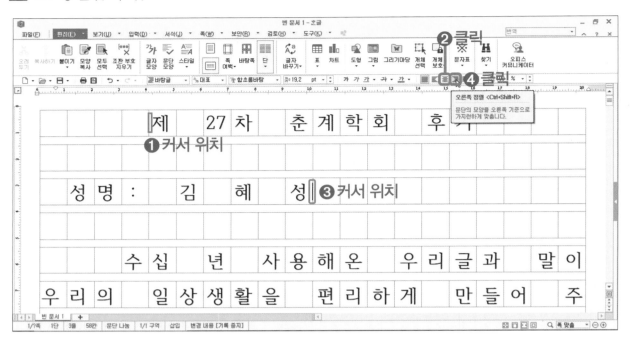

④ 기본 도구상자에서 [저장하기 🖫] 도구를 클릭한 후 [다른 이름으로 저장하기] 대화 상자에서 '제 27차 춘계학회 후기'로 저장합니다.

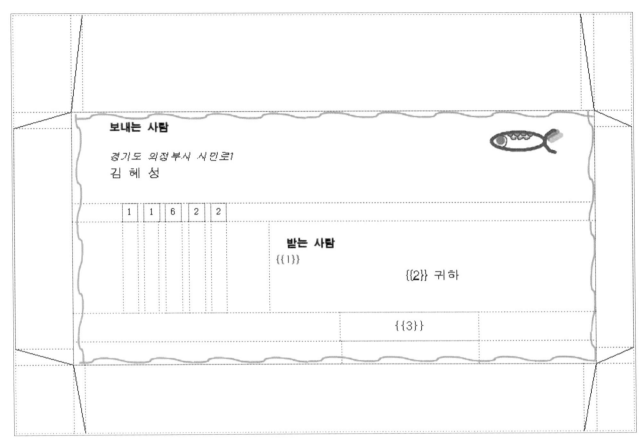

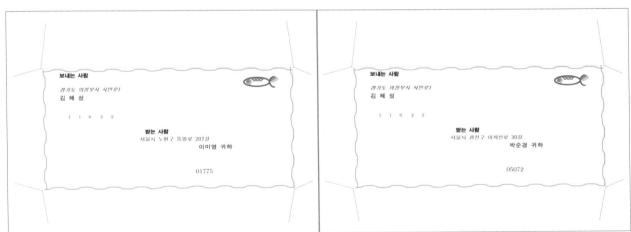

혼자 풀어보기

◎ 예제 파일 : 주소록.hwp
◎ 예제 파일 : 편지봉투.hwp
● 완성 파일 : 편지봉투_완성.hwp

1 다음과 같이 '편지봉투'와 '주소록' 문서로 [메일머지] 기능을 이용하여 '주소록봉투' 문서를 파일형식으로 저장하여 완성해 보세요.

◎ 예제 파일 : 신자유주의적 세계경제.hwp
● 완성 파일 : 신자유주의적 세계경제_완성.hwp

2 준비 파일 문서를 열어 '400자 원고지 1-검정'로 '현재 문서에서 내용을 가져다 채움'으로 원고지 문서를 완성해 보세요.

NO. 1

신자유주의적 세계경제

1970년 이후 나타난 새로운 패러다임인 전 지구화(globalization)이론은 전 지구화의 척도 중 하나가 금융과 무역에서부터 시작한다고 받아들여졌고 이 초국가적 네트워크를 조직하는 구성요소로 다국적기업, 국제기구를 들고 있다. 많은 인종, 정치, 이념, 종교의 갈등도 국경을 넘는 국제이주의 원인이기도 하지만 국내에 한정되던 경제활동이 국가 간의 시장의 개방과 확대에 힘입어 전 지구화 패러다임을 형성하는 시대가 되었다.

이러한 전 지구화 패러다임은 미국의 레이건 대통령 행정부와 영국의 대처 수상의 정부가 주도하여 호황기의 비교적 높은 임금수준과 복지국가를 후퇴시키고자 고안된 것으로 자본주의 국

NO. 2

가는 복지와 성장 그리고 분배에 대한 많은 경제학자 뿐 아니라 각국 정부의 정치적인 판단도 개입되면서 아주 복잡한 양상을 띠고 있는 게 현실이다. 신자유주의적 세계경제는 특정 국가가 전체 시스템을 좌지우지 하기는 어려운 문제이고 국제통화기금, 세계은행, 세계무역기구와 같은 국제기구에서 통제하게 되는 시스템이 탄생되었다.

교재로 채택하여 강의 중인 컴퓨터학원입니다.

[서울특별시]

한양IT전문학원(서대문구 홍제동 330-54)
유림컴퓨터학원(성동구 성수1가 1동 656-251)
아이콘컴퓨터학원(은평구 갈현동 390-8)
송파컴퓨터회계학원(송파구 송파동 195-6)
강북정보처리학원(은평구 대조동 6-9호)
아이탑컴퓨터학원(구로구 개봉1동 65-5)
신영진컴퓨터학원(구로구 신도림동 437-1)
방학컴퓨터학원(도봉구 방학3동 670)
아람컴퓨터학원(동작구 사당동 우성2차 09상가)
국제컴퓨터학원(서대문구 천연동 4)
백상컴퓨터학원(구로구 구로1동 314-1 극동상가 4층)
엔젤컴퓨터학원(도봉구 창2동 581-28)
독립문컴퓨터학원(종로구 무악동 47-4)
문성컴퓨터학원(동작구 대방동 335-16 대방빌딩 2층)
대건정보처리학원(강동구 명일동 347-3)
제6세대컴퓨터학원(송파구 석촌동 252-5)
명문컴퓨터학원(도봉구 쌍문2동 56)
영우컴퓨터학원(도봉구 방학1동 680-8)
바로컴퓨터학원(강북구 수유2동 245-4)
뚝섬컴퓨터학원(성동구 성수1가2동)
오성컴퓨터학원(광진구 자양3동 553-41)
해인컴퓨터학원(광진구 구의2동 30-15)
푸른솔컴퓨터학원(광진구 자양2동 645-5)
희망컴퓨터학원(광진구 구의동)
경일웹컴퓨터학원(중랑구 신내동 665)
현대정보컴퓨터학원(양천구 신정5동 940-38)
보노컴퓨터학원(관악구 서림동 96-48)
스마트컴퓨터학원(도봉구 창동 9-1)
모드산업디자인학원(노원구 상계동 724)
미주컴퓨터학원(구로구 구로5동 528-7)
미래컴퓨터학원(구로구 개봉2동 403-217)
중앙컴퓨터학원(구로구 구로동 437-1 성보빌딩 3층)
고려아트컴퓨터학원(송파구 거여동 554-3)
노노스창업교육학원(서초구 양재동 16-6)
우신컴퓨터학원(성동구 홍익동 210)
무궁화컴퓨터학원(성동구 행당동 245번지 3층)
영일컴퓨터학원(금천구 시흥1동 838-33호)
셀파컴퓨터회계학원(송파구 송파동 97-43 3층)
지현컴퓨터학원(구로구 구로3동 188-5)

[인천광역시]

이컴IT.회계전문학원(남구 도화2동 87-1)
대성정보처리학원(계양구 효성1동 295-1 3층)
상아컴퓨터학원(계양구 계산3동 18-17 교육센터 4층)
명진컴퓨터학원(계양구 계산동 946-10 덕수빌딩 6층)
한나래컴퓨터디자인학원(계양구 임학동 6-1 4층)
효성한맥컴퓨터학원(계양구 효성1동 77-5 신한뉴프라자 4층)
시대컴퓨터학원(남동구 구월동 1225-36 롯데프라자 301-1)
피엘컴퓨터학원(남동구 구월동 1249)

하이미디어아카데미(부평구 부평동 199-24 2층)
부평IT멀티캠퍼스학원(부평구 부평5동 199-24 4, 5층)
돌고래컴퓨터아트학원(부평구 산곡동 281-53 풍성프라자 402, 502호)
미래컴퓨터학원(부평구 산곡1동 180-390)
가인정보처리학원(부평구 삼산동 391-3)
서부연세컴퓨터학원(서구 가좌1동 140-42 2층)
이컴학원(서구 석남1동 513-3 4층)
연희컴퓨터학원(서구 심곡동 303-1 새터빌딩 4층)
검단컴퓨터회계학원(서구 당하동 5블럭 5롯트 대한빌딩 4층)
진성컴퓨터학원(연수구 선학동 407 대영빌딩 6층)
길정보처리회계학원(중구 인현동 27-7 창대빌딩 4층)
대화컴퓨터학원(남동구 만수5동 925-11)
new중앙컴퓨터학원(계양구 임학동 6-23번지 3층)

[대전광역시]

학사컴퓨터학원(동구 판암동 203번지 리라빌딩 401호)
대승컴퓨터학원(대덕구 법동 287-2)
열린컴퓨터학원(대덕구 오정동 65-10 2층)
국민컴퓨터학원(동구 가양1동 579-11 2층)
용운컴퓨터학원(동구 용운동 304-1번지 3층)
굿아이컴퓨터학원(서구 가수원동 656-47번지 3층)
경성컴퓨터학원(서구 갈마동 1408번지 2층)
경남컴퓨터학원(서구 도마동 경남(아)상가 301호)
둔산컴퓨터학원(서구 탄방동 734 3층)
로얄컴퓨터학원(유성구 반석동 639-4번지 웰빙타운 602호)
자운컴퓨터학원(유성구 신성동 138-8번지)
오원컴퓨터학원(중구 대흥동 205-2 4층)
계룡컴퓨터학원(중구 문화동 374-5)
제일정보처리학원(중구 은행동 139-5번지 3층)

[광주광역시]

태봉컴퓨터전산학원(북구 운암동 117-13)
광주서강컴퓨터학원(북구 동림동 1310)
다음정보컴퓨터학원(광산구 신창동 1125-3 건도빌딩 4층)
광주중앙컴퓨터학원(북구 문흥동 999-3)
국제정보처리학원(북구 중흥동 279-60)
굿아이컴퓨터학원(북구 용봉동 1425-2)
나라정보처리학원(남구 진월동 438-3 4층)
두암컴퓨터학원(북구 두암동 602-9)
디지털국제컴퓨터학원(동구 서석동 25-7)
매곡컴퓨터학원(북구 매곡동 190-4)
사이버컴퓨터학원(광산구 운남동 387-37)
상일컴퓨터학원(서구 상무1동 147번지 3층)
세종컴퓨터전산학원(남구 봉선동 155-6 5층)
송정중앙컴퓨터학원(광산구 송정2동 793-7 3층)
신한국컴퓨터학원(광산구 월계동 899-10번지)
에디슨컴퓨터학원(동구 계림동 85-169)
엔터컴퓨터학원(광산구 신가동1012번지 우미아파트상가 2층 201호)

염주컴퓨터학원(서구 화정동 1035 2층)
영진정보처리학원(서구 화정2동 신동아아파트 상가 3층 302호)
이지컴퓨터학원(서구 금호동 838번지)
일류정보처리학원(서구 금호동 741-1 시영1차아파트 상가 2층)
조이컴정보처리학원(서구 치평동 1184-2번지 골든타운 304호)
중앙컴퓨터학원(서구 화정2동 834-4번지 3층)
풍암넷피아정보처리학원(서구 풍암 1123 풍암빌딩 6층)
하나정보처리학원(북구 일곡동 830-6)
양산컴퓨터학원(북구 양산동 283-48)
한성컴퓨터학원(광산구 월곡1동 56-2)

[부산광역시]

신흥정보처리학원(사하구 당리동 131번지)
경원전산학원(동래구 사직동 45-37)
동명정보처리학원(남구 용호동 408-1)
메인컴퓨터학원(사하구 괴정4동 1119-3 희망빌딩 7층)
미래컴퓨터학원(사상구 삼락동 418-36)
미래i컴퓨터학원(부산진구 가야3동 301-8)
보성정보처리학원(사하구 장림2동 1052번지 삼일빌딩 2층)
영남컴퓨터학원(기장군 기장읍 대라리 97-14)
우성컴퓨터학원(사하구 괴정동 496-5 대원스포츠 2층)
중앙IT컴퓨터학원(북구 만덕2동 282-5번지)
하남컴퓨터학원(사하구 신평동 590-4)
다인컴퓨터학원(사하구 다대1동 933-19)
자유컴퓨터학원(동래구 온천3동 1468-6)
영도컴퓨터전산회계학원(영도구 봉래동3가 24번지 3층)
동아컴퓨터학원(사하구 당리동 303-11 5층)
동원컴퓨터학원(해운대구 재송동)
문현컴퓨터학원(남구 문현동 253-11)
삼성컴퓨터학원(북구 화명동 2316-1)

[대구광역시]

새빛캐드컴퓨터학원(달서구 달구벌대로 1704 삼정빌딩 7층)
해인컴퓨터학원(북구 동천동 878-3 2층)
셈틀컴퓨터학원(북구 동천동 896-3 3층)
대구컴퓨터캐드회계학원(북구 국우동 1099-1 5층)
동화컴퓨터학원(수성구 범물동 1275-1)
동화회계캐드컴퓨터학원(수성구 달구벌대로 3179 3층)
세방컴퓨터학원(수성구 범어1동 371번지 7동 301호)
네트컴퓨터학원(북구 태전동 409-21번지 3층)
배움컴퓨터학원(북구 복현2동 340-42번지 2층)
윤성컴퓨터학원(북구 복현동 200-1번지)
명성탑컴퓨터학원(북구 침산2동 295-18번지)
911컴퓨터학원(달서구 달구벌대로 1657 4층)
메가컴퓨터학원(수성구 신매동 267-13 3층)
테라컴퓨터학원(수성구 달구벌대로 3090)

[울산광역시]

엘리트정보처리세무회계(중구 성남동 청송빌딩 2층~6층)

경남컴퓨터학원(남구 신정 2동 명성음악사3,4층)

다운컴퓨터학원(중구 다운동 776-4번지 2층)

대송컴퓨터학원(동구 대송동 174-11번지 방어진농협 대송지소 2층)

명정컴퓨터학원(중구 태화동 명정초등 BUS 정류장 옆)

크린컴퓨터학원(남구 울산병원근처-신정푸르지오 모델하우스 앞)

한국컴퓨터학원(남구 옥동 260-6번지)

한림컴퓨터학원(북구 봉화로 58 신화프라자 301호)

현대문화컴퓨터학원(북구 양정동 523번지 현대자동차문화회관 3층)

인텔컴퓨터학원(울주군 범서면 굴화리 49-5 1층)

대림컴퓨터학원(남구 신정4동 949-28 2층)

미래정보컴퓨터학원(울산시 남구 울산대학교앞 바보사거리 GS25 5층)

서진컴퓨터학원(울산시 남구 달동 1331-13 2층)

송샘컴퓨터학원(동구 방어동 281-1 우성현대 아파트상가 2, 3층)

에셋컴퓨터학원(북구 천곡동 410-6 아진복합상가 310호)

연세컴퓨터학원(남구 무거동 1536-11번지 4층)

홍천컴퓨터학원(남구 무거동(삼호동)1203-3번지)

IT컴퓨터학원(동구 화정동 855-2번지)

THC정보처리컴퓨터(울산시 남구 무거동 아이컨셉안경원 3, 4층)

TOPCLASS컴퓨터학원(울산시 동구 전하1동 301-17번지 2층)

[경기도]

샘물컴퓨터학원(여주군 여주읍 상리 331-19)

인서울컴퓨터디자인학원(안양시 동안구 관양2동 1488-35 골드빌딩 1201호)

경인디지털컴퓨터학원(부천시 원미구 춘의동 116-8 광덕프라자 3층)

에이팩스컴퓨터학원(부천시 원미구 상동 533-11 부건프라자 602호)

서울컴퓨터학원(부천시 소사구 송내동 523-3)

천재컴퓨터학원(부천시 원미구 심곡동 344-12)

대신IT컴퓨터학원(부천시 소사구 송내2동 433-25)

상아컴퓨터학원(부천시 소사구 괴안동 125-5 인광빌딩 4층)

우리컴퓨터전산회계디자인학원(부천시 원미구 심곡동 87-11)

좋은컴퓨터학원(부천시 소사구 소사본3동 277-38)

대명컴퓨터학원(부천시 원미구 중1동 1170 포도마을 삼보상가 3층)

한국컴퓨터학원(용인시 기흥구 구갈동 383-3)

삼성컴퓨터학원(안양시 만안구 안양1동 674-249 삼양빌딩 4층)

나래컴퓨터학원(안양시 만안구 안양5동 627-35 5층)

고색정보컴퓨터학원(수원시 권선구 고색동 890-169)

셀파컴퓨터회계학원(성남시 중원구 금광2동 4359 3층)

탑에듀컴퓨터학원(수원시 팔달구 팔달로2가 130-3 2층)

새빛컴퓨터학원(부천시 오정구 삼정동 318-10 3층)

부천컴퓨터학원(부천시 원미구 중1동 1141-5 다운타운빌딩 403호)

경원컴퓨터학원(수원시 영통구 매탄4동 성일아파트상가 3층)

하나탑컴퓨터학원(광명시 광명6동 374-10)

정수천컴퓨터학원(가평군 석봉로 139-1)

평택비트컴퓨터학원(평택시 비전동 756-14 2층)

[전라북도]

전주컴퓨터학원(전주시 완산구 삼천동1가 666-6)

세라컴퓨터학원(전주시 덕진구 우아동)

비트컴퓨터학원(전북 남원시 왕정동 45-15)

문화컴퓨터학원(전주시 덕진구 송천동 1가 480번지 비사벌빌딩 6층)

등용문컴퓨터학원(전주시 완산구 풍남동1가 15-6번지)

미르컴퓨터학원(전주시 덕진구 인후동1가 857-1 새마을금고 3층)

거성컴퓨터학원(군산시 명산동 14-17 반석신협 3층)

동양컴퓨터학원(군산시 나운동 487-9 SK5층)

문화컴퓨터학원(군산시 문화동 917-9)

하나컴퓨터학원(전주시 완산구 효자동1가 518-59번지 3층)

동양인터넷컴퓨터학원(전주시 완산구 삼천동1가 288-9번 203호)

골든벨컴퓨터학원(전주시 완산구 평화2동 893-1)

명성컴퓨터학원(군산시 나운1동792-4)

다울컴퓨터학원(군산시 나운동 667-7번지)

제일컴퓨터학원(남원시 도통동 583-4번지)

뉴월드컴퓨터학원(익산시 부송동 762-1 번지 1001안경원 3층)

젬컴퓨터학원(군산시 문화동 920-11)

문경컴퓨터학원(정읍시 연지동 32-11)

유일컴퓨터학원(전주시 덕진구 인후동 안골사거리 태평양약국 2층)

빌컴퓨터학원(군산시 나운동 809-1번지 라파빌딩 4층)

김상미컴퓨터학원(군산시 조촌동 903-1 시영아파트상가 2층)

아성컴퓨터학원(익산시 어양동 부영1차아파트 상가동 202호)

민컴퓨터학원(전주시 완산구 서신동 797-2번지 청담빌딩 5층)

제일컴퓨터학원(익산시 어양동 643-4번지 2층)

현대컴퓨터학원(익산시 동산동 1045-3번지 2층)

이지컴퓨터학원(군산시 동흥남동 404-8 1층)

비전컴퓨터학원(익산시 동산동 607-4)

청어람컴퓨터학원(전주시 완산구 평화동2가 890-5 5층)

정컴퓨터학원(전주시 완산구 삼천동1가 592-1)

영재컴퓨터학원(전라북도 완주군 삼례읍 삼례리 923-23)

탑스터디컴퓨터학원(군산시 수송로 119 은하빌딩 3층)

[전라남도]

한성컴퓨터학원(여수시 문수동 82-1번지 3층)

[경상북도]

현대컴퓨터학원(경북 칠곡군 북삼읍 인평리 1078-6번지)

조은컴퓨터학원(경북 구미시 형곡동 197-2번지)

옥동컴퓨터학원(경북 안동시 옥동 765-7)

청어람컴퓨터학원(경북 영주시 영주2동 528-1)

21세기정보처리학원(경북 영주시 휴천2동 463-4 2층)

이지컴퓨터학원(경북 경주시 황성동 472-44)

한국컴퓨터학원(경북 상주시 무양동 246-5)

예일컴퓨터학원(경북 의성군 의성읍 중리리 714-2)

김복남컴퓨터학원(경북 울진군 울진읍 읍내4리 520-4)

유성정보처리학원(경북 예천군 예천읍 노하리 72-6)

제일컴퓨터학원(경북 군위군 군위읍 서부리 32-19)

미림-엠아이티컴퓨터학원(경북 포항시 북구 장성동 1355-4)

가나컴퓨터학원(경북 구미시 옥계동 631-10)

엘리트컴퓨터외국어스쿨학원(경북 경주시 동천동 826-11번지)

송현컴퓨터학원(안동시 송현동 295-1)

[경상남도]

송기웅전산학원(창원시 진해구 석동 654-3번지 세븐코아 6층 602호)

빌게이츠컴퓨터학원(창원시 성산구 안민동 163-5번지 풍전상가 302호)

예일학원(창원시 의창구 봉곡동 144-1 401~2호)

정우컴퓨터전산회계학원(창원시 성산구 중앙동 89-3)

우리컴퓨터학원(창원시 의창구 도계동 353-13 3층)

웰컴퓨터학원(김해시 장유면 대청리 대청프라자 8동 412호)

이지컴스쿨학원(밀양시 내이동 북성로 71 3층)

비사벌컴퓨터학원(창녕군 창녕읍 말흘리 287-1 1층)

늘샘컴퓨터학원(함양군 함양읍 용평리 694-5 신협 3층)

도울컴퓨터학원(김해시 삼계동 1416-4 2층)

[제주도]

하나컴퓨터학원(제주시 이도동)

탐라컴퓨터학원(제주시 연동)

클릭컴퓨터학원(제주시 이도동)

[강원도]

엘리트컴퓨터학원(강릉시 교1동 927-15)

권정미컴퓨터교습소(춘천시 춘천로 316 2층)

형제컴퓨터학원(속초시 조양동 부영아파트 3동 주상가 305-2호)

강릉컴퓨터교육학원(강릉시 임명로 180 3층 301호)